新 疆 彩 陶

新疆文物考古研究所主编

穆舜英　祁小山　编著

文 物 出 版 社

封面设计： 张希广

责任编辑： 萧　鎏

责任印制： 陆　联

新 疆 彩 陶

新疆文物考古研究所　主编

穆舜英　祁小山　编著

*

文物出版社出版发行

（北京五四大街 29 号）

http://www.wenwu.com

E-mail web@wenwu.com

北京新华彩印厂印刷

新 华 书 店 经 销

787×1092　1/16　印张：7

1998 年 8 月第一版　1998 年 8 月第一次印刷

ISBN 7 - 5010 - 1097 - 8/K · 439　定价：80 元

目　录

论 新 疆 彩 陶

穆舜英

近十多年来，新疆远古文化遗址和墓葬中出土了大量的彩陶器皿，这些彩陶器的发现引起了考古学界的注意，其独特的器形、鲜艳的色调和多彩的花纹也吸引了各方面的关注。

从目前已有的考古材料看，彩陶发现数量最多的地区为天山东部地区，即今哈密、伊吾、巴里坤、奇台、木垒、吐鲁番、鄯善、托克逊、乌鲁木齐南山矿区和乌拉泊等地；在天山以南的焉耆、和硕、库车、新和、拜城等地也有出土。

近年来在和静和轮台地区的古墓群中出土了大量的彩陶，在天山北部的伊犁地区也有少量发现。

新疆彩陶绝大部分为夹砂红陶，陶质较粗，细泥陶少见。彩陶器的制作方法，基本上为手制。而在和静地区发现有捏制或采用泥条盘筑法，但只见于素面陶器。新疆彩陶一般都在陶器表面敷红色或黄白色陶衣，上绘黑、红或褐色彩，黄白、紫色彩也见。但在彩绘布局上，引人注目的是在和静地区发现的彩陶，其中有相当大的一部分是局部施彩，就是在陶器表面局部（往往在颈、腹部）呈不规则的带状内绘红、褐色纹饰。这类局部彩绘的风格为其他地区所不见。与彩陶器同时出土的有石器、骨器、木器、素面陶器和铜器，有的晚期遗址和墓葬中已有铁器。

（一）

新疆彩陶从分布地区和器物形制、图案纹样的差异，大致可分为四组。一组以哈密地区为中心，包括哈密、巴里坤、伊吾等地；一组以天山南山谷地为中心，包括吐鲁番、鄯善、托克逊、乌鲁木齐南山的阿拉沟、鱼儿沟和乌拉泊，其北面似延伸到吉木萨尔、奇台、木垒等地；一组以和静—轮台地区为中心，其文化分布的范围伸展到了库车、拜城地区的克孜尔河沿岸；还有一组以伊犁地区为主，包括昭苏、新源和察布查尔等地。其中有的组，如哈密、和静地区又可分为若干类。现分别按组、类作介绍。

哈密彩陶 发现彩陶的文化遗址有：哈密市天山北路古墓群、哈密焉不拉克古墓

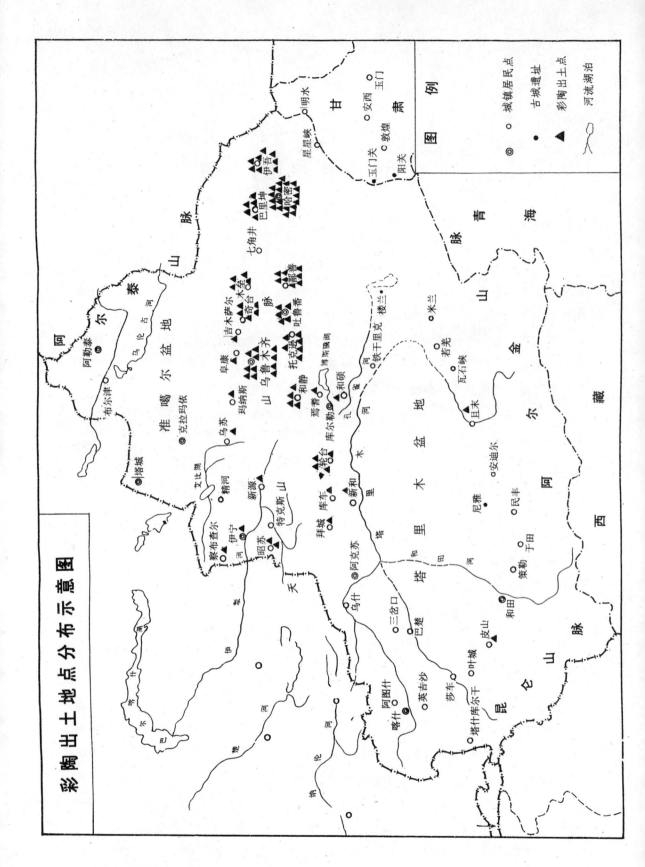

彩陶出土地点分布示意图

2

群、五堡古墓群、拉甫却克古墓地、亚尔墓地、尤库日高得格墓地、大队坡墓地、托呼其墓地、阔克亚尔墓地、哈拉墩遗址、小南湖遗址、葫芦沟遗址、艾斯克霞尔遗址、庙尔沟遗址、拜其克遗址、榆树沟遗址、恰坎迪勒克遗址、杏树沟村遗址、巴里坤南湾古墓群、石人子乡遗址、李家湾遗址、大河遗址、青疙瘩遗址、伊吾卡尔桑遗址、托背梁遗址、拜尔其村遗址、阔如勒遗址、苇子峡墓地、拜其尔墓地、小白杨沟墓地、盐池牧场遗址等处①。哈密彩陶多为夹砂红陶，手制，外涂红色陶衣，少量为黄白色陶衣，上绘黑色或褐色花纹，通体绘彩，其花纹图案常见以横竖斜线组成的栅栏纹、网状纹，也有曲线水波纹、锯齿纹、三角纹、S形纹、如意纹和火焰纹，个别见有人形纹等；从器形看，绝大部分是一种双耳彩陶罐，这是哈密彩陶的典型器物。与此类双耳彩陶罐同地出土的还有单耳彩陶杯、单耳彩陶钵、单耳彩陶盂等。在焉不拉克古墓区中还出土有单耳彩陶豆。在一些彩陶罐、杯、钵和盂的器底还凿有一个小孔。与上述彩陶器同时出土有石器（石铲、石杵、石磨盘、磨石、石臼、石球、石珠等），木器（木犁、木铣、木盘、木碗、木桶、木铲、木勺、木纺轮、木梳、木人俑等），素面陶器（双耳罐、单耳罐、单耳杯、钵、碗、盆、盂、带流小杯、四耳罐、纺轮），骨器（骨锥、骨纺轮、骨珠、骨针、骨饰件），铜器（小铜刀、铜镞、铜锥、带柄小铜镜、铜戒指、铜耳环、铜管珠），金器（金戒指、金耳坠），贝和毛织物，皮革制品。在晚期的古墓中还出土有铁器（小铁刀、残铁剑尖、铁戒指）等。

哈密彩陶，从器物形制和图案花纹的差异还可分为三类。一类是天山北路彩陶，其典型器物是一种大双耳彩陶罐，特点是双耳都较长大，其中有的陶罐的双耳从口沿一直垂至下腹部，器腹较矮，少量也见有双系耳罐，双耳很小，位于口沿处。彩陶纹饰以红衣褐彩或黑彩为多见，其图案花纹多见以横竖斜线组成通体彩绘的栅栏纹、菱形纹，三角形内填竖弧线纹，也有三叶草纹、缠枝纹和火焰纹，个别双耳彩陶罐的双耳柄上绘有人体纹。现例举两件彩陶器：如在天山北路古墓区发现的一件双耳矮腹彩陶罐（编号：89HLBT10：11），夹砂红陶，手制。高9厘米，口径7.8厘米。器形为敞口、短颈、矮腹、小平底，双耳长大呈带状，耳柄长5.3厘米，宽2厘米，从口沿处垂至腹下，双耳长度占器物通高的近三分之二。通体彩绘，在红色陶衣上绘褐彩。其花纹布局为在器内口沿部绘一圈带纹，在带下有以七条短竖道组成的花纹，共四组，在各组之间绘一N纹，器表口沿部也有一圈带纹，颈部密布七圈平行横带纹和波纹，腹部是由四根竖线组成一组的栅栏竖弧纹，共八组，双耳耳柄上部饰短横线纹，近腹下部为交叉×纹。另一件双耳矮腹彩陶罐（编号：采16），也为天山北路古墓区出土，夹砂红陶，手制。高13.6厘米，口径11.4厘米。敞口、短颈、矮鼓腹、小平底，双耳耳柄从口沿处延至腹部，耳柄长6厘米，宽4厘米，双耳占器物通高的近一半。通体彩绘，在红色陶衣上绘黑彩。其花纹布局，在颈部上下各绘有二圈横带纹，中间为交叉的缠枝纹，腹部近双耳处各有二道竖线纹,在竖线之间各有三组火焰纹,共六组。上述两件彩陶罐均为天山北路古墓出土的典型器物。

另一类是焉不拉克彩陶,与此相似的有五堡古墓出土的彩陶。此类彩陶器典型器物也是一种双耳彩陶罐,但其绝大部分彩陶罐颈变长,双耳多位于器腹下部,器耳较小呈环状,故亦称"腹耳罐"。彩陶纹饰多见红衣黑彩,个别有施黄白陶衣的。其图案花纹是以横、竖、曲线组成的水波纹、曲折纹,也有缠枝藤叶纹;腹耳罐的彩绘纹饰多见变体S形曲线纹,还有变体三角网纹、同心半圆弧线纹。与"腹耳罐"同地出土的单耳彩陶豆,其彩绘纹饰多见内彩,为双钩十字云纹,亦称如意纹。引人注意的是在一件双耳彩陶罐的腹部一侧绘有一小山羊,画笔简练,形象生动,可称是一件艺术品。在器耳柄上常见有伞形的树枝纹。例如焉不拉克彩陶器中的一件典型器物双耳鼓腹彩陶罐(腹耳罐)(编号86XHYM75:18),出土于焉不拉克古墓,高32厘米,口径13.2厘米。夹砂红陶,手制。器形为侈口、长颈、鼓腹、平底,腹部有两个对称的环状小耳。通体彩绘,红衣黑彩。图案花纹是在口沿下绘四组由四条同心半圆弧线纹组成的纹饰,颈腹交界处绘一圈带纹,下绘两条同心半圆弧线纹,弧线中间绘一条竖线直至器底,在竖线两侧各绘一条变体S曲线纹,耳柄上绘一竖线。另一件单耳彩陶豆(编号:86XHYM64:5),也出土于焉不拉克古墓,通高12.7厘米,豆盘口径16.5厘米。夹砂红陶,手制。盘口内收,平唇,在豆盘上部有一环状器耳,矮圈足。器物外表无纹饰,豆盘内见彩绘,红衣黑彩,绘十字双钩云纹,亦称如意纹,在四角空白处S形曲线纹。

还有一类是巴里坤南湾彩陶。南湾古墓出土彩陶数量很少,主要器形也是一种双耳彩陶罐,但其双耳大多位于罐的肩部或腹中部,其耳柄比天山北路彩陶罐的耳要小,比焉不拉克彩陶罐耳要大。红衣黑彩,主要图案纹饰是三角网状纹、曲折水波纹。此类彩陶纹饰在伊吾、奇台、木垒彩陶中也多见。如南湾古墓出土的一件双耳彩陶罐(编号:82HBKNM114),夹砂红陶,手制。高18厘米,口径15.3厘米。敞口、短颈、腹微矮,两耳位于腹中部。红衣黑彩,口沿内外有一圈短竖纹,颈肩处有一圈凹线,肩下部为六组倒三角网纹。与此件双耳彩陶罐同一地区还发现一件单耳彩陶罐(巴里坤大河地区采集),夹砂红陶,手制。高18.5厘米,口径9.7厘米。敞口、弧颈、鼓腹、平底,单耳位于颈腹处。红衣黑彩,其纹饰是在颈上端、肩腹处和下腹部各绘一横宽带,带内绘多条平行曲折水波纹,现收藏在新疆博物馆内。

从上述发现可见哈密地区的彩陶有鲜明的民族特色。从整体的地区范围来看,其典型器物为一种双耳彩陶罐,这是指数量较其他器形为多,并与新疆其他地区发现的彩陶器形有明显的区别而言。各类型彩陶器在不同地点均有交叉发现。如哈密焉不拉克古墓出土的单耳彩陶豆在乌鲁木齐南山东风厂古墓中就有相同的器形发现。而在吐鲁番盆地中发现的单耳彩陶罐,在哈密地区也有出土。哈密地区发现的彩陶,在其范围内还可看出文化特色上的差异，除器形上的变化外，彩陶的图案花纹也各有不同。过去认为新疆彩陶纹饰主要是三角网纹，现在看来这类纹饰主要见于哈密天山以北的巴里坤、奇台、木垒地区，而在哈密天山以南的哈密市天山北路古墓和焉不拉克古墓彩陶中并不多见，这都是值得注意的材料。

天山南山谷地彩陶　发现彩陶的文化遗址有：吐鲁番艾丁湖古墓群、恰什塔克古墓区、阿斯塔那遗址、雅尔湖沟北墓地、胜金庄遗址，鄯善苏贝希古墓群（苏巴什墓地）、洋海古墓区、奇格曼墓区、吐格曼博依墓地、伙什江扎墓地、东巴扎遗址、墩买来墓地、三个桥墓地，托克逊小草湖遗址、喀格恰克（英亚依拉克）古墓区、乔拉克古墓地、柯尔碱古墓区、大墩古墓地、克尔间古墓群，乌鲁木齐南山矿区的阿拉沟—鱼儿沟南岸古墓区、东风厂古墓区、天山山区艾维尔沟南、北岸古墓区、苏拉夏沟东岸古墓区，以及乌鲁木齐乌拉泊水库古墓地、柴窝堡湖古墓区、麻山古墓区、西河坝古墓地、苇子街遗址、东河坝古遗址、方家沟古墓地，木垒新户遗址、伊尔巴哈克遗址、新沟遗址、木垒河沿岸遗址，奇台半截沟遗址、新户梁遗址、鸡心梁疙瘩遗址、白杨河遗址、水磨河遗址，吉木萨尔公盛村遗址和玛纳斯清水河子遗址等②。在这一地区发现的彩陶，其大量的典型器物是一种单耳彩陶罐或单耳彩陶壶，与此类器物同时出土的还有：单耳彩陶杯、单耳彩陶豆、单耳彩陶钵、彩陶碗、彩陶盆等，与上述彩陶器同时出土有石器（石杵、砺石、锥、纺轮、珠），木器（盘、盆、杯、勺、木俑、木栓、簪、纺轮、取火钻木板），素面陶器（单耳陶罐、单耳陶杯、陶盆、陶盂、陶钵、纺轮），骨器（骨锥、骨珠）和铜器（大多为小件，有铜镜残片、铜镞、铜小刀、铜耳环、动物铜饰片、铜带钩）。在一些墓中已发现有铁器（小铁刀、铁镞）。另还有金器（金饰片）、贝、毛织品等。

天山南山谷地彩陶分布的地域以吐鲁番盆地为中心，典型器物是单耳彩陶罐。其陶质多见夹砂红陶，也有细泥红陶，手制。基本上是红衣黑彩，也有少量灰白色陶衣，在东风厂古墓区彩陶中较多见有红衣红彩。单耳彩陶罐器形的基本特征是侈口或直口、高颈或弧颈、鼓腹、圆底或小平底。单耳有呈弓带状，从口沿延至腹部，大部分为环状，位于颈腹处。图案花纹以正倒变体三角形（内填斜线或网纹）、网状纹、涡卷纹为主要纹饰，还有竖弧线纹、菱形纹、折线纹、同心半圆纹、水波纹，在南山矿区的彩陶还可见到有虚实方格纹、竖斜线组成的针树枝纹等等。吐鲁番地区出土的单耳彩陶罐中还有一种很特殊的器形，就是在鄯善洋海古墓出土的单竖耳彩陶罐（杯），其器形为微敞口、直腹、平底，单耳竖立于口沿上，耳柄边缘为有棱角的花边，此类器形似仅见于此墓地。现例举几件典型器物：如托克逊喀格恰克古墓发现的竖条纹单耳彩陶罐（83TOHM3：1），夹砂红陶，手制。高 11.5 厘米，口径 9 厘米，腹径 11 厘米。器形为微敞口、弧颈、鼓腹、圆底，单耳呈弓带状，位于口沿至腹中部。红衣黑彩，口沿内绘

5

垂波纹，器表通体绘竖弧线条纹。此类竖条纹单耳彩陶罐在鄯善苏贝希古墓、吐鲁番艾丁湖古墓和乌鲁木齐南山矿区鱼儿沟古墓中都有发现。又如吐鲁番艾丁湖古墓中出土的一件单耳彩陶罐（编号为：80TADM45：1），夹砂红陶，手制。通高 12 厘米、口径 7 厘米、腹径 11 厘米。器形为直口、弧颈腹、圜底，单耳为宽带状，位于颈腹处。红衣黑彩，口沿内绘一圈锯齿纹，器表颈部为变形波纹，腹部有一宽带内绘正倒三角形变体连钩纹，在三角内填有竖斜线。类似此类单耳彩陶罐在乌鲁木齐南山鱼儿沟古墓中多见，只是其器表颈部为一圈倒三角纹或短竖条纹，其三角变体纹从颈肩以下绘满整个腹部。另有一件乌鲁木齐乌拉泊水库古墓出土的单耳彩陶罐，夹砂红陶，手制。高 14.8 厘米、口径 9.5 厘米。器形为敞口、弧颈、鼓腹、小平底，单耳位于颈腹间，呈宽带状。器表通体绘彩，红衣暗红色彩，其图案纹饰在颈部有上下两排斜三角纹饰，腹部为正倒三角形演变而成的勾连涡纹，耳柄上绘有斜线交叉方格纹，在其口沿内壁也绘有一圈横带纹。与此件涡纹单耳彩陶罐完全相同的陶器在乌鲁木齐南山鱼儿沟古墓中也有发现。在乌鲁木齐南山东风厂古墓中还出土了一件单耳彩陶罐，夹砂红陶，手制。高 16.2 厘米、口径 9.7 厘米。其器形是敞口、长颈、鼓腹、圜底，单耳位于颈腹部，呈宽带状。器表通体彩绘，红衣红彩，其图案花纹在颈部为一圈倒三角形中填斜线纹，腹部绘有以斜线组成的伞形树枝纹。与此彩陶罐同地出土的另一件单耳彩陶罐，也是夹砂红陶，手制。高 13.4 厘米、口径 8 厘米。其器形是敞口，但在口沿一边微带流状，长颈、鼓腹、圜底，单耳位于颈腹处，呈宽带状。器表通体绘彩，红衣红彩，其图案花纹除腹部也是以斜线组成的树枝纹外，其颈部为粗细线组成的方格纹。此类绘有斜线组成的树枝纹、粗细线组成的方格纹的彩陶器在南山的鱼儿沟古墓中也多次发现。

天山南山谷地彩陶，其典型器形基本一致（除在鄯善洋海古墓发现的彩陶罐其部分器形似另具特色外），其图案花纹也基本一致，以正倒三角形变体纹、勾连涡纹、网状纹为主题。只是在乌拉泊水库古墓发现的彩陶器表常见有附加堆纹或横竖錾耳，反映出当时吐鲁番盆地内基本属于文化一致的一个部族。这为深入研究早期吐鲁番地区历史文化提供了重要的材料。

和静－轮台彩陶　发现彩陶的文化遗址是：和静察吾呼沟古墓地、老巴仑台沟古墓地、哈布其哈沟古墓地、觉伦吐尔根古墓地，轮台群巴克古墓地、柯尤克沁遗址、卓尔库特遗址、阿克热克遗址、库车哈拉墩遗址，和硕曲惠遗址、新塔拉遗址、本布图古墓地等③。近年来在库车、拜城境内还发现了克孜尔水库古墓地。在这一地区发现的彩陶的典型器形是一种单耳带流彩陶罐，其数量占出土陶器的半数以上。出土的还有：单耳无流彩陶罐、双系耳彩陶罐、彩陶壶、单耳彩陶杯、彩陶钵等。与上述彩陶器同时出土的还有：石器（磨石、石锥、石纺轮、石球、石珠、石臼），木器（木盘、木勺、木纺轮、木箭），素面陶器（单耳罐、双耳罐、釜、壶、钵、直腹杯），骨器（骨镞、骨纺轮、骨珠、骨管），铜器（小铜刀、铜镞、铜矛、铜针、铜锥、铜簪、铜牌饰、铜戒指），还有金器（小金片、金耳环），毛织物残片。晚期墓中有铁器（铁釜残片、铁锥、铁环）。

和静—轮台彩陶的典型器物是单耳带流彩陶罐，但从其形制的局部差异，还可以分为两类，一类是和静察吾呼沟彩陶，一类是轮台群巴克彩陶。察吾呼沟彩陶，其大部分为夹砂红陶或红褐陶，仅极少数为夹砂灰陶，都为手制。发现有捏制和泥条盘筑法，但都为素面陶器。其彩陶器表一般都是先涂一层红色陶衣或黄白色陶衣，上绘红彩纹饰，少数是在红衣上直接绘黑彩，多局部绘彩，少通体彩绘。其图案花纹布局的显著特征是在器物的一面绘一宽斜带纹或在器物的上部绘一宽横带纹，内填各种图案花纹，这是这一地区彩陶图案纹饰独特的布局手法。其典型器物单耳带流彩陶罐的基本器形是：敞口、带流、弧颈（颈较短）、弧腹或直腹、小平底。其花纹图案常见有方格纹、菱形方格纹、虚实方格纹、三角网纹、山形纹、网状纹，还有曲折水波纹、回形纹、井字纹和竖条纹，以及变体的飞禽纹、爬虫纹。在一件单耳带流彩陶罐颈部绘一排骆驼，骆驼用线条素描、作跪卧状，形象逼真。在彩陶壶上则见有同心半圆纹、S形纹。和静察吾呼沟古墓一号墓地出土的一件单耳带流彩陶罐（编号为：84XHCM35：5），夹细砂红陶，手制。高15.6厘米，口径8.8厘米。直口、弧颈、腹微鼓、平底、单耳、口沿带流嘴。器表涂白色陶衣后，在颈部绘红彩方格纹，每隔四至五行空格再填以三条涂实的斜方格纹，这类花纹图案是察吾呼沟彩陶中常见的。另一件同地出土的单耳带流彩陶罐（编号：84XHCM09：20），夹砂红陶，手制。高13.9厘米，口径10.5厘米。敞口、弧颈、鼓腹、平底、单耳、口带流嘴，流嘴较长。器表涂红色陶衣后，又在一面涂一条黄白色的斜宽带，从流嘴处呈斜弧带状至罐底，在黄白色斜宽带上绘有红彩多层斜连续折线纹，口沿内有一圈红色细带。又如一件单耳带流彩陶罐（编号：87HCIVM192：10），夹砂红陶，手制。高9.4厘米，口径9厘米。敞口、短颈、矮鼓腹、平底、单耳、口部微带流嘴。通体涂白色陶衣，绘红彩。器表有两组纹饰，一组为一大倒三角形纹，中分三排，上排绘两个倒三角纹中填网格纹，中排和下排各绘大小斜三角纹，另一组分上下绘多层山形纹，很有特色。与此相类的陶罐在同一墓区四号墓地也曾发现。在和静察吾呼沟古墓四号墓地出土的一件单耳带流彩陶罐（编号：M235：5），夹砂红陶，手制。高12厘米，口径10.6厘米。敞口、圆唇、束颈、鼓腹、平底、单耳、流嘴微残。通体涂红色陶衣后又在器表面从流嘴斜向腹部涂有一不规则的黄白色的宽带纹，内填红彩回形纹，也是一件很具有特色的彩陶。在此墓地发现的一件双系耳彩陶罐（编号：M94：4），为夹砂红陶，手制。高7.3厘米，口径4.8厘米。平口、圆唇、弧颈、鼓腹、平底，双系耳很小位于口沿下。通体彩绘，黄衣白红彩。其图案纹饰布局，在器表一面绘菱形纹中填回形纹，另一面绘菱形网格纹中填井字或十字纹，双系耳下分别饰平行折线纹和网纹。此类器物形制很有特点，是新疆彩陶中罕见的。

群巴克彩陶，均为夹砂红陶，陶质较粗，手制。常见通体绘彩，一般在陶器器表涂黄白色陶衣，绘褐或黑色彩纹。其典型器物也是一种单耳带流彩陶罐，基本器形与察吾呼沟单耳带流彩陶罐十分近似，但器形较大，敞口带流，流嘴较宽长，有的流嘴向上方翘起，高出口沿近4厘米多，束颈、凸肩、鼓腹，其肩部明显凸起。其花纹图案常见是正倒三角纹，或称作山形纹，内填斜线，另还有网纹、斜方格纹、多层菱形纹和竖斜线纹等。有一件单耳带流彩陶罐的器表一面，绘有一侧面人头像，寥寥数笔，生动传神，其艺术表现手法令人惊叹。现例举其典型器物：如群巴克古墓出土的一件单耳带流彩陶罐（编号为：87XLQⅡM7：11），夹砂红陶，手制。器高22厘米（带流通高达26.5厘米），口径11.5厘米（带流嘴口径18.5厘米）。敞口带流，流嘴宽大，上翘高出口沿近4.5厘米，束颈、肩部凸出、矮腹、平底。黄白衣褐彩，花纹图案为正倒三角纹内填斜竖线。高流凸肩的器形，是此类彩陶罐的特点，具有代表性。又如另一件单耳带流彩陶罐（编号为87XLQⅡMⅠC：1），也出土于群巴克古墓，陶质极粗，为夹粗砂红陶，手制。高7.5厘米，口径5.4厘米（带流嘴口径7厘米）。敞口带流、流嘴宽长、束颈微凸肩、单耳、平底。在罐的上部涂黄白衣褐彩，绘正倒三角形纹，内填网状方格纹。此墓地还出土了一件彩陶壶（编号为86XLQM7C：1），夹砂红陶，手制。高18.5厘米，口径10.2厘米。微敞口、颈腹呈弧形、平底。通体涂红衣后，在器物一面绘两条白色宽带，自口沿到腹呈斜弧带状，内绘红彩斜方格纹。与轮台群巴克彩陶特点极其相似的，是近年在克孜尔水库古墓地发现的一批彩陶器，其主要器形也是一种单耳带流彩陶罐，但从整体来看，其器形更为粗大。

和静—轮台彩陶的出土是近年来新疆天山以南地区考古工作中的重要发现，这对进一步探讨新疆南疆地区的早期历史文化的性质和内涵提供了重要信息。

伊犁彩陶 发现彩陶的文化遗址有：伊犁地区的小金场遗址、昭苏夏台古墓、波马古墓，察布查尔索敦布拉克古墓区和新源黑山头古墓④。在这一地区发现的彩陶数量很少。在昭苏夏台、波马古墓共发现三件彩陶壶，在察布查尔索敦布拉克古墓发现彩陶壶一件、彩陶钵五件、单耳彩陶罐二件，还有一件圜底彩陶罐，新源黑山头古墓发现单耳彩陶罐（杯）二件、彩陶钵一件。就已发表的材料看，陶质均为夹砂红陶，手制。通体彩绘，红衣红黄彩。花纹图案在彩陶壶上多见以棋盘格纹、三角纹、横曲线纹、菱形方格纹和半月形纹组成的复杂图案。在新源黑山头发现的彩陶上有三角纹、网状纹，而察布查尔索敦布拉克的彩陶纹饰，除彩陶壶外，多见倒树枝纹。如昭苏夏台古墓出土的一件彩陶壶，夹砂红陶，手制。高29厘米，口径11厘米。敞口、长颈、鼓腹、圜底。通体彩绘，红衣红彩，其纹饰为口沿处绘一圈倒三角纹，颈部绘方格纹内填实红彩或圆点，腹部为宽窄曲线纹组成的四组花纹。又如在察布查尔索敦布拉克古墓出土的彩陶壶

（编号甲 M1.1），夹砂红陶，手制。高 35 厘米，口径 10.8 厘米。口微敞、平唇、高颈、折肩略鼓腹、平底。通体彩绘，红衣黄彩，颈部绘红黄色棋盘格纹，腹部以竖线隔成十组花纹。其纹饰上部为新月形纹，下部为大小菱形斜方格纹组成的图案。此类彩陶壶在新疆彩陶中仅见于伊犁地区。

（二）

新疆彩陶作为新疆早期考古文化的一部分，它所处的历史年代需要从各有关考古文化遗址中去探索。

哈密彩陶的考古遗址，经过正式发掘的有：哈密市天山北路古墓、五堡古墓、焉不拉克古墓和巴里坤南湾古墓。

哈密市天山北路古墓地，位于哈密市天山北路南端。1988 年在天山北路林场办事处和雅满苏矿采购站基建中初次发现，一部分墓葬已压在路下。经考古发掘，清理古墓二百五十多座。墓地内墓葬分布密集，并多见有叠压。墓室为长方形竖穴土坑或土坯砌筑，一般长 1—2 米，宽 0.6—1 米。多单人葬，人骨朽碎，可辨葬式均为侧身曲肢，头向东北或西南。随葬品中除出土相当一批彩陶外，还有素面陶器（罐、钵、杯、壶），铜器（锛、镜、镰、扣、管、珠、小刀、锥、牌、手镯、耳环），石器（珠、簪、杵）和骨器（均为饰牌），另外还见有少量银簪（?），未见铁器。为哈密地区青铜时代文化遗存⑤。

五堡墓地，位于哈密市五堡乡西北 2 公里处。1978 年在考古调查中发现，又经 1986 年和 1991 年共三次考古发掘，清理墓葬一百一十三座。墓地内墓葬分布密集，地表不见封土。墓室均为长方形竖穴土圹墓，一般长 1.5 米，宽 1 米左右，深 1.2—2 米。近墓室底部有生土或土坯二层台，台高约 0.5 米，宽约 0.2 米，二层台上铺弧形盖木，盖木下为死者尸体，大都为单人葬，侧身曲肢。出土随葬品有墓主人随身所着的毛织衣物、皮制鞋、帽等，还有陶器（其中少量彩陶，主要器形有单耳陶罐，双腹耳罐，纺轮），木器（桶、勺、梳、木耙、木犁形掘土器、木车轮），石器（主要是石球、石砍砸器、石杵、石磨盘），铜器（木柄铜砍、小铜刀、小铜泡），皮鞭。农作物有小米、青稞等，部分墓中保存有完好的干尸，未见铁器。对五堡墓地四座墓葬盖木取样进行碳 14 测定，其数据分别为：78HWM4：距今 2960±115 年，78HWM19：距今 3265±140 年，78HWM26：距今 3280±150 年，78HWM101：距今 3300±150 年，约相当于西周春秋时期⑥。

焉不拉克墓地，位于哈密市柳树泉农场焉不拉克村旁。1958 年黄文弼先生曾率考古队在此发掘古墓十四座，1986 年新疆大学历史系文博干部进修班在此考古实习，发掘古墓七十六座。墓室多数呈长方形，也有方形和椭圆形，方向基本为西北—东南向。墓室形制有三类，一类为竖穴二层台（早期）；二类为竖穴，无二层台（中期）；三类为地面土坯墓（晚期）。葬式多侧身屈肢。随葬品有：陶器（早期墓中多见彩陶，有双耳罐、腹耳罐、单耳杯、单耳豆、单耳钵、四耳罐、盂、碗、纺轮等，晚期彩陶趋少），木器（有铲、桶、盘、勺、碗、梳、木俑），铜器（多小型，有小刀、锥、针、镜残片、戒指、耳环等），石器（有杵、磨盘、铲、臼、珠等），骨器（针、锥、珠等），发现七件残铁器，其中可辨认的有弧背直刃小铁刀、菱形残铁剑尖和铁戒指共三件，还有金器（戒指、耳环），贝、毛织物残片。焉不拉克古墓地取出土木料样品作碳14测定，其数据为：距今3330±135年，2735±115年，2515±90年，约相当于西周春秋时期，其晚期已进入铁器时代⑦。

南湾墓地，位于巴里坤哈萨克自治县奎苏乡上南湾村西1公里处。1981年—1982年在此进行考古发掘墓葬百余座，墓室形制有竖穴土坑和竖穴石室。土坑竖穴有长方形、椭圆形、袋形，竖穴石室基本呈长方形，在墓穴内用卵石沿壁垒砌。部分墓有葬具，多为木质，即在墓室内壁以圆木垒砌，在墓室底铺有一层垫木，上有盖木，似木椁。也有无葬具的。葬式有单人葬、合葬，多为侧身屈肢，也发现有乱葬或二次葬。合葬中或男女或两女或两男均见。随葬品较少，各墓不匀，有的墓中出土十余件或数十件，有的墓中一件也没有。主要有陶器（以素面陶器为多，少量彩陶，器形有双耳罐、四耳罐、钵、杯等），铜器（有铜戚，为新疆仅见，铜镜、耳环等），还有骨器和毛织物残片。取此墓地木料作碳14测定，其最早年代为距今3410±70年，最晚年代为距今2855±70年，约相当于西周春秋时期⑧。

天山南山谷地彩陶出土的考古遗址，经过正式清理发掘的有：乌鲁木齐南山阿拉沟鱼儿沟墓群和东风厂古墓群、吐鲁番艾丁湖古墓区、鄯善苏贝希（苏巴什）古墓地、洋海古墓区、托克逊喀格恰克古墓地和乌鲁木齐乌拉泊水库古墓地。

阿拉沟鱼儿沟古墓群，位于乌鲁木齐南山阿拉沟沟口和鱼儿沟谷地，1976年修建铁路基建中发现。经组织清理，共发掘墓葬八十座左右，墓区地表可见有石围石堆。石围有两类：一类是圆形石围中间有一二座积石石堆墓，一类是方形围墙中间有一二座石堆墓，石围一般高约30—40厘米，石堆墓石堆高约40—60厘米。墓室为竖穴石室，石室是用卵石砌成。墓室口上有盖木，多丛葬。墓室中葬有数具、十数具至数十具尸骨，相互叠压。葬式有仰身直肢或肢体不全者，有的头骨或肢骨上有明显刀痕，可能是杀殉。随葬品有陶器（彩陶占较大比重，器形以单耳罐为多，还有双耳罐、壶、筒形杯、盆、罐，晚期墓中有豆），木器（盘、盆、勺、杯、纺轮、腿绊、鼻栓、取火钻木等），骨器（骨雕饰、串珠），石器（柞、砺石、锥、串珠等），铜器（小刀、耳环、锥等），还有贝、毛发套及各类毛织物残件，个别墓内见有小铁刀。其时代为春秋—战国时期

⑨。

东风厂古墓群，位于乌鲁木齐南山矿区东风厂以东、阿拉沟河南岸台地上。1984年在考古调查中发现，共发掘古墓四十座左右。墓表也为石围石堆墓，其积石石堆有圆形或方形，墓室为竖穴石室，一般墓室以卵石砌成椭圆形，墓口略小于墓底，少量为矩形石室，有两座墓为土圹墓穴。墓室口有盖木或积石。墓室底有铺原木、木板或一层石片，上铺苇席、毛布和毛毡的残片，个别墓以大木盘为葬具。有丛葬（有的一墓室葬二十余人）、合葬（男女合葬）和单人葬，少数封土中见有人骨和随葬品。葬式有仰身直肢、俯身屈肢、侧身，多二次葬，有三座儿童墓。随葬品有陶器（彩陶居多，器形多见单耳罐、长颈壶、钵、釜、碗、杯、盆，有两件单耳圈足彩陶豆），木器（盘、盆、勺、纺轮、梳和取火钻木），铜器（小铜刀、锥、簪、铜镜、耳环、马衔），骨器（锥、镞），石器（主要为小磨刀石），还有毛发套、毡帽、毡靴、毛毡和织物残片，有贝和极少的小金片，个别墓有小铁器（小刀）等。东风厂古墓曾取六座墓木样作碳14测定，其数据有四个为距今3300－3000年左右，有二个为距今2700－2600年之间，相当于西周—春秋—战国时期⑩。

苏贝希（苏巴什）古墓地，位于鄯善县西吐峪沟入口处沟西台地上。1980年修建公路发现，共抢救清理古墓八座，1992年初发现此墓地遭盗掘，已被盗毁古墓三十九座，同年3月又组织抢救清理古墓五座。墓地表有封土，墓室为竖穴土圹和竖穴偏室两类，为长方形，深约2.5－3米左右，有木质尸床。有多人葬，一墓中葬有二至五具尸体不等，尸体为仰身直肢，头向西；有单人葬，见于竖穴偏室墓。随葬物有：陶器（有彩陶，器形多见单耳罐、单耳碗、高颈壶等），木器（盆、豆、勺、碗、梳、小盒、带扣等），铜器（小件兽头或花形饰片、耳环），铁器（锈蚀严重，环首小刀、簪、锥、带钩、泡），还有漆器（仅一件黑底红彩残漆板），银器（一件菱形指环），骨器（环、牌、带扣、锥），蚌饰、玛瑙、贝。1992年3月发掘中发现的随葬物最有价值的是一批男女墓主人随身所穿的衣物，有男性套头圆领长袖毛织衣、对襟皮外套、毛织裤、皮毡靴、兽皮护膝、女性圆领长袖毛织衣、彩色毛织裙、皮手套、黑长辫网发套、高耸羊角状毡帽等，部分墓中还有保存完好的干尸。这是一批研究当地古代民族服饰、社会文化习俗的重要材料。取古墓木样作碳14测定，其竖穴土圹墓数据为距今3145±75年，竖穴偏室墓数据为距今2225±70年，故其早期墓相当于西周—战国时期，晚期墓已至公元前后⑪。

艾丁湖古墓区，位于吐鲁番市艾丁湖乡西北8公里处，1980年5月当地农民取土时发现。墓区风蚀严重，墓葬地表封土已不见，大部分墓葬只保存了深0.2－0.5米的墓底。考古队清理墓葬五十座，墓葬形制为长方形竖穴土圹墓，一般长约2米，宽1米左右，均为单人葬。葬式为仰身直肢，头西向。随葬物有陶器（彩陶约占一半，器形多单耳罐、单耳直壁杯、双耳罐、壶、钵、碗、圈足豆、三足鼎、碟、盂、盆、勺、纺轮和残缸片等），石器（仅三件，二件磨刀石和一件纺轮），铜器（有动物纹带扣、带钩、残铜镜、铜镞、簪、泡），铁器（锈蚀严重，可辨有小刀、镞、泡），有二件金箔圆花饰，其时代据已发表的材料为公元二世纪至公元一世纪初⑫。但从出土文物分析，似应更早一些，可能属战国时期。

喀格恰克古墓地，位于托克逊县东南 17 公里喀格恰克乡一高台上。1983 年 4 月农民挖土发现，抢救清理十五座墓。墓葬地表无明显封土标志，墓室为竖穴土坑，呈长方形，东西向，墓口有木棍苇苦铺盖，因墓口塌陷，墓室内破坏严重，人骨均朽蚀无存。随葬物有陶器（彩陶占半数，器形以单耳罐、壶为多见，单耳环、钵、碗、盆、釜、纺轮等），木俑一件，石尖器一件，毛绳、苇绳残段。此墓葬年代取木样作碳 14 测定为距今 2640±65 年，树轮校正为距今 2715±120 年⑬。

洋海古墓区，位于鄯善县吐峪沟乡洋海阿斯喀勒村西北约 1.5 公里处，1987 年遭盗掘破坏。墓地表土已不见，墓葬多为长方形竖穴土圹墓，长约 1.7－2.4 米，宽 0.56－1.2 米不等。个别墓见有木制葬具，为长方形木框架，是圆木榫卯结构，有少数墓室见有土坯二层台，墓口多用树枝、芦苇、杂草棚盖。随葬物大部为采集，有陶器（多见彩陶，有单耳罐、单耳钵、单竖耳杯、双耳罐、双耳钵、葫芦瓶、矮圈足单耳罐、盆、盘，也见有单耳带流罐和圈足豆等），石器（见马鞍形石磨盘），铜器（有勾兵、镞、拱形桥纽素面铜镜、贝），铁器（马衔、马镳），金器（十二角形饰片），骨角器（弓、带扣），木器（木盆残片、箭杆），海贝十五枚，及皮、毛织物残片。其时代为战国—汉⑭。

乌拉泊水库古墓群，位于乌鲁木齐市南郊乌拉泊水库南岸边缘冲击台地上。1983 年考古调查发现，大部分墓葬已淹没于水库中，经两年抢救发掘古墓四十六座。墓区地表封土已破坏，大部分墓室口外露，墓室形制可分两类，一类竖穴土坑墓，一类竖穴石棺墓。有单人葬、合葬（男、女合葬）墓，也有二次葬。葬式有：侧身屈肢、仰身屈肢和仰身直肢，头均向西。随葬物有陶器，陶质为夹砂红陶，手制，多有烟炱，使用痕迹十分明显。以素面陶为主，少量彩陶，主要器形是单耳鼓腹直口罐、单耳收腹平底罐、单耳长颈鼓腹圜底罐，也有双耳鼓腹罐、单、双耳盆。乌拉泊古墓出土陶器在口沿及器腹处常多见附加堆纹、乳钉，其器耳柄多见横竖鋬耳。与陶器同时出土有铜器，多小件，有小刀、耳环、发钗、直柄小铜镜、马衔，另有一面圆铜镜残片，镜面花纹无法辨认。有一件石臼。有铁器，均为小件，为小刀、锥等。乌拉泊水库古墓中发现彩陶的墓均不见铁器，出土彩陶的墓为早期墓葬，其时代约相当于春秋时期，其晚期墓则为战国至秦汉时期⑮。

上述天山南山谷地考古材料都已陆续见有报告发表，其考古文化性质相当一致，墓

12

葬形制多为竖穴土坑和竖穴石室墓，少量竖穴偏室墓（如苏贝希墓地）；葬式有多人葬，从数具至数十具，也有男女合葬、单人葬、婴儿葬和二次葬，个别发现有杀殉。随葬品有：陶器（含彩陶）、木器、石器、骨器、铜器、毛织物。发现彩陶的墓中大部分不见铁器，应为早期墓葬，在晚期墓葬中发现有铁器。

和静一轮台彩陶的考古遗址，经过正式发掘的有：和静察吾呼沟古墓一号至五号墓地，轮台群巴克墓地，近年来还发掘了克孜尔水库墓地。

和静察吾呼沟墓地，位于和静县城西约30余公里北哈拉毛墩乡察吾呼沟内，墓区分布在察吾呼沟两侧和腹地，范围很大，墓区内初步划分有一至五号五个墓地，各墓地内墓葬密集。墓地于1983年考古调查中发现，1983—1984年由中国社会科学院考古研究所新疆考古队组织发掘一号墓地，共发掘古墓一百零二座，后新疆文物考古研究所和静考古队又先后对一至五号墓地组织了较大规模的发掘，共发掘古墓约五百余座。

一号墓地，在察吾呼沟口台地上，墓地面积南北长约250米，东西宽约100米，墓葬密集。墓区地表为石围石堆墓，墓室形制为竖穴石室，墓口均盖有巨大石板，普遍有葬具，在墓室底部铺一层或数根细木，或铺一层芨芨草、树皮。绝大多数为多人合葬墓，最多一墓可有二十多人，男女老少均有，以中青年男性为多。单人葬少，多为二次葬，仅见一例为一次葬。在一些石围附近，还见有儿童墓坑和马头、牛头附葬坑。

随葬物有陶器（多夹砂红陶，极少数为夹砂灰陶，手制，有素面陶和彩陶，彩陶多局部绘彩，少数为通体彩绘。器形多见单耳带流罐、单耳罐、双耳罐、单耳壶、单耳杯、釜、钵、还见一件仿皮囊壶），铜器（多小件，为小刀、矛、镞、针、锥、戒指、簪、马衔，有一件青铜碗），石器（主要是磨石、锥、纺轮、珠），骨器（有纺轮、镞、珠、管），木器（盘、勺、纺轮、箭杆），还出土少数铁器（多锈蚀严重，可辨有釜残片、锥、环），金器（小金片，有一耳环），毛织物残片。据碳14测定，早期墓距今为2825±80年、2525±80年，相当于西周至春秋时期，其晚期墓可能至秦汉⑯。

二号墓地，位于一号墓地东南2公里处河滩上，墓地面积很大，南北长2500米，东西宽500米。墓地地表可见有积石封堆，墓葬形制有石围石室，积石石室和积石墓三类。在石围边缘见有儿童附葬墓或马头附葬坑。一般无葬具。少数在墓室底部铺一层细砂或芨芨草席。墓室口多见有巨大砾石棚盖。葬式多见仰身屈肢，偶见侧身屈肢，有一次葬和二次葬。多见多人合葬墓，一室多至十人，男女老少均有，单人葬少，头多向西北。

随葬物有陶器，多夹砂红陶，手制，多素面。彩陶较少，有局部或通体施彩，器形以单耳带流罐为多，也有双耳带流罐、单耳罐、单耳杯、单耳钵和壶、盆、纺轮等。在积石石室墓中较多见单耳壶，同时出土有铜器（多小件，为锥、镞、耳环，在积石石堆墓中出土有素面小铜镜一面，还有铜扣），石器（有砺石、纺轮、锥、项珠），骨器（有

13

纺轮、锥、管），还见有铁器（共五件，小铁刀和铁环），木器（有盘、盆、纺轮、取火钻木和箭杆）和金器（一件耳环）。二号墓地的碳14标本测定数据为距今2585至2325年之间⑰。

三号墓地，位于一号墓地南约2公里处，1988年考古普查中发现，发掘古墓二十座。墓地表面可见有石围和积石堆，石堆高约50厘米。墓室形制有竖穴单石室墓、竖穴双室墓、竖穴单室墓、竖穴侧室墓和双竖穴墓。单人葬，仰身直肢。双室墓分葬一男一女。一次葬，有木质葬具，墓中普遍用马、羊头殉葬。随葬物有陶器，数量少，多为素面陶，器形为鼓腹平底罐，不见彩陶，铁器多见，此墓地出土文物似与墓区其他墓地文物不同，其时代可能到汉代⑱。

四号墓地，位于墓区最北部台地上，察吾呼沟水在墓地西流过，墓区面积南北长130米，东西宽50米左右，墓葬密集。因季节性洪水冲击，1986－1987年抢救清理古墓二百五十座左右。墓区地表有石围（石围卵石呈熨斗形排列）石堆，墓葬形制为竖穴石室墓，石室底大口小呈袋形。墓室口有巨大条石或条木棚盖，有葬具，墓室底部以木棍横竖二层叠压，上置一张芨芨草席或一层蒲草。多人合葬墓多（男女老少都有，男性为多），有双人葬（均为同性），单人葬少（均成年男性）。有一次葬和二次葬，大多为仰身屈肢，个别见侧身屈肢和坐姿葬。出土的头骨见有凿孔（约占全部头骨的十分之一），有的墓附近有儿童附葬坑（一般为3岁以下儿童），大多数墓附近还有殉马（主要葬马头，也有殉马蹄）。随葬物有陶器（数量较多，多夹砂红陶或褐斑陶，少夹砂灰陶，手制；也见有泥条盘筑法，多见于素面陶器；早期墓中多出彩陶，晚期墓中则多见素面陶器，主要器形有单耳带流罐、双耳带流罐、单耳直腹杯、双耳罐、单耳罐、无耳罐、釜、盆、壶、钵、纺轮等），铜器（大部分墓中都有出土，较大器形有斧、铃和镜，铜镜中包括一龙纹镜以及马衔，小件较多，有小刀、锥、针、镞、带钩、扣和纺轮等），木器（数量多，但多朽残，有盆、盘、勺、杯、纺轮、取火钻木、弓箭和木棍），骨器（数量多，有马镳、锥、镞、管、纺轮、串珠），石器（数量多，有锥、砺石、纺轮、扣、珠等），还出土了海贝六枚和少量金器（薄金片等），仅见一件铁器（小铁刀），除此还出土了一批毛织物残片、毛毡，有少量麻织品⑲。

四号墓地出土大量彩陶和铜器，铁器仅见一残铁小刀，其时代似早于一号墓地，相当于西周春秋时期。

五号墓地，位于察吾呼沟腹地，仅试掘三座墓葬，墓区地表有石围，墓葬形制为竖穴石室，墓口用巨大石板棚盖。随葬品主要是素面陶器（器形为单耳带流罐）和铜器，未见彩陶和铁器，其时代可能较一号墓地要晚⑳。

轮台群巴克墓地，位于轮台县群巴克乡。1985年考古调查发现，中国社会科学院考古研究所新疆考古队在此发掘古墓四座。墓区地表见有砂砾封土堆，墓葬形制为竖穴土圹墓室，其中三座均为单室，一座在主墓室周围又有六个小墓室。墓室呈长圆形或圆角方形，在墓室壁两侧立有木柱，墓口有盖木，盖木上铺有红柳枝或芨芨草的编席和野麻、骆驼刺、麦草等，上再加填砂砾土。墓室中多数木柱、盖木及席、草均有焚烧的痕迹。有葬具，即在墓室底部铺数层芨芨草席或红柳枝编席或一层苇草，多二次葬、多人合葬（多者达数十个），除一座墓葬小孩外（M$_2$，共葬十六人，均为小孩），其余多人合葬墓中均有随葬物，主要是陶器（有素面陶器和彩陶，夹砂红陶为多，夹砂灰陶少。彩陶多数为黄白陶衣绘黑或红彩，主要器形是单耳带流罐，体形较大，流口倾斜上翘，还有单耳罐、双耳罐、单耳杯、单耳碟、钵和纺轮等），石器（数量较多，为小磨石、石锥、石珠），铜器（数量少，均小件，有一面铜镜，有带扣、耳环、镞），骨器（数量也少，均小件，簪、珠、羊距骨等），木器（主要是木盘，有纺轮），发现铁器（多见小铁刀），还有毛织物残片，在墓土中发现有麦穗、麦粒。

群巴克古墓碳14测定标本数据为距今2570±70年、2680±90年、2795±100年，与察吾呼沟考古文化年代相近或稍晚[21]。与群巴克墓文化相似的克孜尔水库古墓，其发掘报告尚未发表，发掘材料存新疆文物考古研究所内。

伊犁地区彩陶，尚未有较大规模的发掘，1973年在伊犁昭苏县夏台和波马古墓中曾发现三件彩陶壶（夏台古墓二件，波马古墓一件）。主要考古遗址经正式发掘的是察布查尔县索敦布拉克古墓地，另在新源县黑山头古墓地也曾发现三件彩陶器（其中一件彩陶钵，二件单耳彩陶罐）。

索敦布拉克古墓地，位于察布查尔县南60公里，乌孙山北麓台地上，墓地已为村居覆盖。1987年8月在村中修路时发现，墓地现发掘甲、乙二区，共三个墓葬，其中三号墓封土下有并行排列的四个墓室。墓葬形制除甲区已遭破坏，乙区地表为石围土堆墓，墓室均为长方形竖穴土圹。甲区发掘两座（一、二号墓），墓口均有圆松木棚盖，无葬具，一号墓为二次葬，出土一件折肩平底彩陶罐。乙区发掘三号墓四个墓室，有的墓室北壁见有垂直竖排列的一排木桩。另有三四根东西向排列的圆松木直接压在尸骨上，均为单人葬，墓主有男、女或儿童，无葬具，仰身直肢葬。随葬物有陶器（多为彩陶，红衣红彩，器形有罐、钵等），铜器（多为小件，有笄、小铃、耳环），有一颗保存较好的海兰色宝石、六颗石珠等，其年代相当于战国至汉代[22]。

黑山头古墓地，位于新源县城以西约100公里处，1982年曾组织发掘。墓葬地表为石围石堆，墓室为竖穴土坑，单室，有的在墓室中以列石隔成"两室"或"一角"。单人葬，仰身直肢或二次葬。随葬物较少，主要是陶器（彩陶多，有三件，素面陶罐一件），有铜器（素面小铜镜、耳环），有一把小铁刀。其时代约为战国时期[23]。

（三）

通过对上述考古材料进行研究，我们对新疆彩陶有了较为深入的认识，归纳如下：

1. 在新疆天山东部的哈密地区、吐鲁番盆地和天山以南的焉耆—轮台绿洲分布了一批以出土大量彩陶为特点的考古文化遗址和墓葬。在此批考古文化遗址和墓葬中除出土有陶器、石器外，都已普遍发现了铜器，其中在一部分古墓中还发现了铁器（多小件，数量亦较少，有的仅一件小刀，如察吾呼沟四号墓地）。这反映了一个问题，新疆发现的彩陶，是与铜器共存的，但是这些出土的铜器中有相当一部分是红铜制品[24]，且小件居多，如小刀、锥、镞、管等，大型器物发现很少，仅个别墓地发现有铜斧、铜镰和铜碗。出土铜镜中有的明显具有中原地区文化的特点，可能就是从中原传入的。故从整体来看，其早期遗址和墓葬似应属金石并用时期，部分遗址和墓葬应已进入了青铜文化时代，其年代大约在距今 3400 年至 2500 年间，相当于西周春秋时期。而其晚期墓中与彩陶同时存在的还有铁器，应属早期铁器时代，约相当于战国时期。在天山北部发现彩陶的墓中均有铁器，其历史时期当在战国至公元前后了。

2. 新疆彩陶从器形和纹饰的差异可划分成四组，这对进一步深入研究新疆古代多民族历史文化和探讨其发展的渊源都有着十分重要的意义。哈密彩陶以发现较大数量的双耳彩陶罐为其文化特征。其中天山北路古墓的双耳彩陶罐，双耳大而宽，呈弓形带状，以及焉不拉克和五堡古墓中的双腹耳罐，双耳小而呈环状，位于器腹下部，这些器形的特征与甘肃省和青海省境内发现的双耳彩陶罐和腹耳罐非常相似，纹饰的布局和着色也几乎相同。如 1975 年甘肃省永登县蒋家坪古墓出土的马厂类型双耳彩陶罐[25]和 1976 年青海省大通县上孙家寨古墓出土的上孙家寨类型的双耳彩陶罐（腹耳罐）[26]，与哈密天山北路古墓和焉不拉克古墓出土的双耳彩陶罐、腹耳罐，其造型风格几近一致。哈密出土彩陶考古文化遗址的年代约为距今 3400－2500 年左右，这与距今 4300－4000 年左右的甘肃马厂类型彩陶考古文化和距今约 3000 年的青海上孙家寨类型的彩陶考古文化相比较，在年代上较晚，或相近。哈密地区位于新疆最东部，与甘肃毗邻，哈密彩陶似明显受甘青地区彩陶文化的影响[27]。哈密彩陶本身的分类，则又反映了哈密地区各部族文化的差异，尤其是彩陶的纹饰图案不仅反映了古代部族文化的特色和人们古朴的艺术审美观，而且这些图案往往也是古人日常生产生活的写照，甚至是不同部族的标志。如在天山北路彩陶中可看到有草叶树枝纹、缠枝纹、火焰纹和人物纹，而在巴里坤南湾彩陶中，则多见三角网状纹，这应是不同自然景象和社会生活的反映。以吐鲁番盆地为中心的天山南山谷地彩陶的典型器形是单耳彩陶罐，这类器形普遍在这一地区早期古代墓葬中发现，数量较大，其彩陶的典型图案纹饰有三角网状纹、涡卷纹、网状纹等，也是在这一地区常见的，说明这一地区当时很可能是一个统一的部族。它的势力范围以吐鲁番盆地为中心，东部很可能跨过天山，接近奇台、木垒一带（在此发现的彩陶纹饰也多见三角网状纹），西部穿过乌鲁木齐南山，到达乌鲁木齐近郊的乌拉泊地区，甚至西传到玛纳斯一带。从器形和纹饰图案来看，其常见的变体三角连勾涡卷纹，似与青海彩陶中所见的涡纹有相似之处，但从整体来看，又是完全不同于甘青地区的彩陶文化，应属本地土著民族文化的遗存。吐鲁番地区彩陶文化的年代似乎延续较长，晚期已至公元前后，学术界普遍认为这类考古文化很可能与当时活动于此的古代姑师人有关，属于姑师人的遗存。和静—轮台彩陶，无论从器形和纹饰上都明显区别于上述两处彩陶，其典型器形是一类单耳带流彩陶罐，此类器形约占出土陶器总数的一半，是这一地区独见的。和静—轮台彩陶不仅在器形上有其独特的方面，花纹图案的布局也是独具的。除通体彩绘外，有相当大一部分是局部彩绘，尤其是在器物表面呈斜带状或横带状的局部布彩，再在其上绘红、褐色花纹图案，构成了这一地区的文化特征。其花纹图案中常见的山形纹，则明显区别于上述地区彩陶的三角纹；其棋盘格纹、回形纹、菱形纹也都各具特色。尤其是在这里发现的变形鸟虫纹、骆驼纹、人头纹等，既有浓厚的写实风格，又表现出古朴的神秘色彩。和静察吾呼沟古墓地彩陶中虽然也有单耳彩陶罐、双系耳彩陶罐（壶）等，但其文化的主格调似乎是独创的，为其他地区所不见㉘，应是新疆南疆地区早期文化的重要代表。位于天山北部的伊犁地区彩陶，目前发现的彩陶壶为通体彩绘，图案花纹有棋盘格纹、新月形纹、半圆纹和菱形方格纹、人字曲折纹等，似乎也仅见于此。而同时出土的圜底彩陶钵、梨形彩陶罐等的造型和纹饰，与中亚楚河流域彩陶风格很有相似之处。这批彩陶的文化特点，有些学者认为可能与古代乌孙文化有关。但从整体来看，似又与古代乌孙文化特点不同，如乌孙文化多出素面陶器㉙，故此类彩陶的考古文化很可能与当时活动于广大中亚和我国伊犁草原地区的塞人文化有关，是属于古代塞人的遗存。

3. 新疆彩陶的考古文化所反映的社会历史意义：其墓葬形制基本是两类，即竖穴土坑墓（或竖穴土坯墓）和竖穴石室墓。葬式有屈肢和直肢；有多人合葬（男女老少都有）、同性合葬、男女合葬、单人葬、二次葬、婴儿葬和火葬，还见有殉杀。其竖穴土坑（或竖穴土坯）墓主要见于哈密地区和吐鲁番盆地部分墓地，在轮台群巴克古墓也有；竖穴石室墓则主要见于乌鲁木齐南山鱼儿沟古墓、东风厂古墓和天山以南的和静察吾呼沟古墓地。从目前已见的材料看，这些墓葬形制的差别似乎没有特殊意义，很可能是视具体自然条件而变化。屈肢葬几乎是哈密地区古墓中的主要葬式，这类葬式在中国的西北地区古墓中是常见的。在哈密焉不拉克古墓、乌鲁木齐南山鱼儿沟古墓、东风厂古墓和察吾乎沟古墓中均有多人合葬；在群巴克古墓中有多人二次葬，有的墓中所葬人骨可达数十具，男女老少都有，这应是氏族公共墓地。令人感兴趣的是在察吾呼沟四号墓地发现的二人合葬墓为同性合葬。在苏巴什古墓中发现有男女合葬，而单人葬在上述古墓地都有发现。在群巴克古墓中还发现有火葬，在鱼儿沟古墓和焉不拉克古墓中发现有杀殉。另一引起人们注意的是在察吾呼沟四号墓地发现有在所葬人头骨上凿孔的现象，约占出土人头骨的十分之一。显然，不同葬式的出现是有着社会历史意义的，如在葬式中发现有同性合葬、男女合葬、单人葬、杀殉等，这与多人合葬有着社会性质变化的差异。后者应是氏族公共墓地，而前者则体现了社会不同阶级层次的出现，社会意识、习俗观念的变化。在这一时期中新疆古代社会似正经历着重大的变迁，各地相继进入了阶级社会。

4.陶器的出现，是古代社会生产力发展有了农业和定居的一个标志。新疆发现彩陶的同时，在古墓中发现有马牛羊骨和马牛羊杀殉坑；在哈密五堡古墓发现有小米、青稞；在巴里坤石人子乡遗址中，与彩陶同时发现有碳化麦粒；在轮台群巴克古墓发现有麦粒、麦穗；另普遍发现有毛织物、皮革制品，甚至有很精致的毛绣等等，这些都说明了在这一历史时期中新疆已有了较为发达的畜牧业和农业经济，并有了家族和部落内的手工业（如制陶、纺织、冶铜等）。到了晚期，还能制作小件铁器。新疆发现的彩陶器皿，其器形上的特点反映出当时新疆地区已形成发达的畜牧经济。尤其是在和静—轮台地区发现单耳带流彩陶罐，其数量约占出土陶器总数的一半，大小都有。如在和静察吾呼沟古墓区四号墓地发现的单耳带流彩陶罐，其最大的高 32 厘米，口径 31 厘米，最小的高仅 6 厘米，口径也为 6 厘米。这类单耳带流罐，其外形与今天所用的"奶罐"一模一样。察吾呼沟考古文化中众多的"带流罐"，应是与发达的畜牧经济有密切关系。另在察吾呼沟古墓区还发现了一件仿皮囊彩陶壶，而皮囊则是牧区日常生产生活用具。

对新疆远古时期历史文化的探索，是新疆史学研究和考古学研究中的重要课题。新疆彩陶是新疆古代民族文物宝库中的一份极为珍贵的丰富遗产。我们相信对新疆彩陶及其文化的研究将会随着新疆考古工作的深入发展而取得新的成就。

注　释

①见《哈密文物志》，新疆人民出版社 1993 年；《新疆考古卅年》，新疆人民出版社 1983 年。

②见《吐鲁番地区文物普查资料》，《新疆文物》1988 年第 3 期；《乌鲁木齐市文物普查资料》，《新疆文物》1991 年第 1 期；《昌吉回族自治州文物普查资料》，《新疆文物》1989 年第 3 期。

③见《巴音郭楞蒙古自治州文物普查资料》，《新疆文物》1993 年第 1 期；《和硕县新塔拉、曲惠原始文化遗址调查》，《新疆文物》1986 年第 1 期；《轮台县文物调查》，《新疆文物》1991 年第 2 期；黄文弼《新疆考古的发现》，《考古》1959 年第 2 期。

④见《伊犁地区文物普查资料》，《新疆文物》1991年第2期；《新疆古代民族文物》，文物出版社1985年；《新疆出土文物》，文物出版社1975年。

⑤见《哈密文物志》第143页林雅墓地，新疆人民出版社1993年。

⑥见《新疆考古卅年》，新疆人民出版社1983年；《哈密文物志》第145—146页，新疆人民出版社1993年。

⑦见《新疆哈密焉不拉克墓地》，《考古学报》1989年第3期。

⑧见《哈密文物志》第149—150页，新疆人民出版社1993年。

⑨⑩见《天山阿拉沟考古考察与研究》，《西北史地》1987年第3期。

⑪见《鄯善苏贝希墓群一号墓地发掘简报》，《新疆文物》1993年第4期；《新疆鄯善苏巴什古墓葬》，《考古》1988年第6期。

⑫见《新疆吐鲁番艾丁湖古墓葬》，《考古》1982年第4期。

⑬见《新疆托克逊县喀格恰克古墓群》，《考古》1987年第7期；另与喀格恰克在同一墓区还有英亚依拉克古墓地，见《新疆托克逊县英亚依拉克古墓群调查简报》，《考古》1985年第5期。

⑭见《吐鲁番地区文物普查资料》，《新疆文物》1988年第3期；《鄯善古墓被盗案中部分文物之介绍》，《新疆文物》1989年第4期。

⑮《乌鲁木齐乌拉泊古墓发掘研究》，《新疆社会科学》1986年第1期。

⑯见《新疆和静县察吾呼沟口一号墓地发掘报告》，《考古学报》1988年第1期；《1988年和静县察吾呼沟古墓发掘新收获》，《新疆文物》1989年第2期。

⑰见《新疆和静县察吾呼沟二号墓地》，《新疆文物》1989年第4期。

⑱见《1988年和静县察吾呼沟古墓发掘新收获》，《新疆文物》1989年第2期。

⑲见《新疆和静县察吾呼沟四号墓地1986年发掘简报》，《新疆文物》1987年第1期；《和静察吾呼沟四号墓地1987年度发掘简报》，《新疆文物》1988年第4期。

⑳见《1988年和静县察吾呼沟古墓发掘新收获》，《新疆文物》1989年第2期。

㉑见《新疆轮台群巴克古墓葬第一次发掘简报》，《考古》1987年第11期。

㉒见《察布查尔县索敦布拉克古墓葬》，《新疆文物》1988年第2期。

㉓见《伊犁河谷土墩墓的发现和研究》，《新疆文物》1989年第2期。

㉔羊毅勇在《新疆铜石并用文化》一文中认为新疆的五堡古墓、苏贝希早期古墓、艾丁湖早期古墓、南湾早期古墓和阿拉沟、鱼儿沟早期古墓中出土的铜器均为红铜制品，应属铜石并用文化。见《新疆文物》1985年第1期。

㉕参见《甘肃彩陶》，文物出版社1979年。

㉖参见《青海彩陶》，文物出版社1980年。

㉗1948年曾在甘肃省山丹县四坝滩发现了一批彩陶，1956年今中国社会科学院考古研究所安志敏先生在《考古通讯》1956年6月上发表的《甘肃远古文化及其有关的几个问题》一文中认为四坝滩遗址文化具有特殊性，定名为"四坝文化"，并认为四坝彩陶文化中还含有马厂类型文化和沙井文化，其年代与齐家文化相近，约相当于距今4000年左右。据目前已见到的材料，四坝文化中的双耳彩陶罐和腹耳罐与新疆哈密地区发现的双耳彩陶罐和腹耳罐，其造型风格非常接近，似有相当的关联。

㉘新疆彩陶无论从造型、彩绘布局和图案纹饰上与古代伊朗的波斯波里文化，古代两河流域的伊兰苏兹文化，古代印度的哈拉帕文化和中亚地区的安努文化的彩陶都有明显的差异，属于不同的文化传统风格。后者中常见的器形如敞口高腹小平底筒形彩陶杯、敞口高腹尖底彩陶杯、直口高腹筒形彩陶杯和大口深腹圈足彩陶

罐、大口深腹高足小平底彩陶罐、敞口深腹彩陶碗等，以及发达的内彩、流行方、长、圆、曲折形各类几何纹饰和大角羊、虎、狗、植物麦穗、花叶等纹饰，在新疆彩陶中几乎不见，同样新疆彩陶中盛行的大双耳彩陶罐、腹耳罐、单耳彩陶罐和单耳带流彩陶罐等，在上述文化中也几乎不见。

㉔参见穆舜英等著《建国三十年新疆考古的主要收获》一文，文中论述乌孙考古文化，认为乌孙古墓出土的陶器特征是"器形朴实简单，制作粗糙而不规正，火候不高，素面无纹"。此文收入《新疆考古卅年》一书中，新疆人民出版社1983年。

The Painted Pottery in Xinjiang

The areas where we have found the painted pottery centralize in the eastern Tianshan Mountains, including Hami, Balikun, Qitai, Mulei, Turpan, Tuokexun, Nanshan and Wulabo of Urumqi, etc. In resent years, we have found also greater quantities in Hejing and Luntai of the southern Tianshan, and we have also found a few in the Yili Region of Tianshan.

The character of all the Xinjiang painted pottery is crueler. The greater part is mixed with sand and less is fine mud. The making method is mainly by hand, including the pinching and the clay strip forming technique. Generally, the red or yellow white paint is laid on the pottery base, and then painting with black, red or brown, but the purple is less seen. Together with this painted pottery, we excavated the stoneware, woodware and copperware. In some sites of late period, we discovered the small sized ironware.

From the differences of the implements' form and design figures of the pottery discovered in Xinjiang and their distribution, we can roughly divide them into four groups: 1. the present Hami Region (including the present Hami, Balikun, Yiwu, etc.); 2. the Nanshan Valley (including the present Turpan, Tuokexun, Ala Valley and Yu Valley in Nanshan of Urumqi, Qitai, Mulei and Manas, etc.); 3. the present Hejing—Luntai (including the Kizil River regions); 4. the Yili Region. Among these, we can also divide into several kinds.

Hami painted pottery its main archaeological sites include: the ancient grave area in Hami City, Yanbulak and Wupu grave area in Hami, Nanwan grave area in Balikun, and the ancient site in Yiwu, etc. The typical implement is: the painted pottery jar with double ears. We have excavated more painted pottery *dou* with single ear and double-ear jar in Yanbulak. The main paint is black (on red base): the figures include: the rhombus forming with the horizontal and vertical lines, ripple and "S" form. The figures of Hami painted pottery include: the umbrella-needle branch, straw-leaf, tendril-vine rattan, flame, semicircle, dropping-curtain and individual human form. The *dou* with single ear excavated in Yanbulak is mainly painted inside, the cross-cloud figure (or called Ruyi in Chinese); those in Balikun and Qitai etc. are mainly painted triangle-net figure.

Painted pottery of Nanshan Valley its main sites include: Ayding Lake in Turpan, Shubashi, Yanghai and Subeishi in Shanshan, Ala Valley and Yu Valley and Dongfengchang in Nanshan, Wulabo in Urumqi, etc. The typical implement is the jar with single ear. It also has some *dou* with single ear and the jar with single ear and spout. Its figures are: saw-tooth, net, the triangle which is painted inside with slanting and straight lines or slanting-check, figures painted in empty and solid check, and the whirlpool formed by joining with two triangle points.

Hejing—Luntai painted pottery its main sites include: Chawuhu Valley in Hejing and Qunbak graveyard in Luntai; its typical implement is the jar with single ear and spout; its main figures: chessboard-check, the figures painting in empty and solid check, hill form, rhombus, etc. It can also be seen triangle, net and rolling-straw figures, as well as the camel with double humps and body-changed bird, etc. Recently, there are some pottery similar in type to that found in Kizil cemetery in Baicheng county.

Painted pottery in Yili Region the main sites include Sodungblack cemetery in Chabchar, Xiatai cemetery in Zhaosu and Heishantou cemetery in Xinyuan county. The painted pottery pot is major. It is painted on whole body, and included the chessboard-check and human form painted with slanting lines.

According to the C14 test, the Xinjiang pottery can be dated back to 3,400-2,500 years before and the latest is around the Christian era. From the shapes and figures of the Xinjiang painted pottery, it expresses clearly that the different areas have different cultural artistic characters, but the basic styles express their different ethnic and cultural traditions. Certainly, there are many painted pottery reflecting the influence among the different cultures. They are very valuable dates.

图 版 目 录

Contents

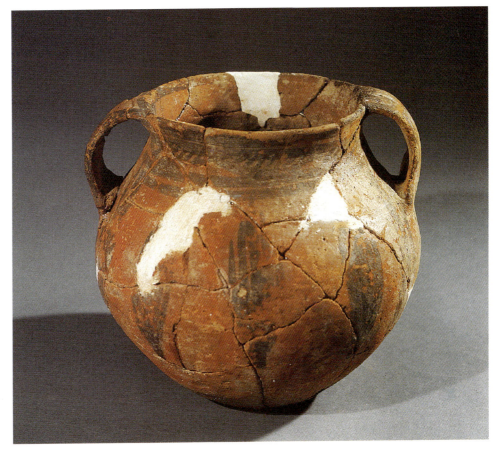

1　双耳人纹彩陶罐（正面）

2　双耳人纹彩陶罐（耳柄部分）

3　双耳人纹彩陶罐（耳柄部分）

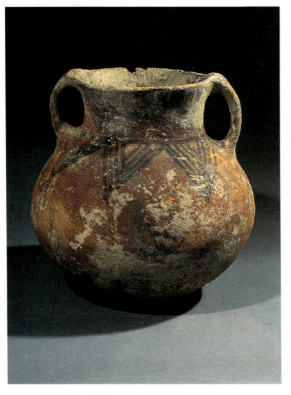

4　双耳彩陶罐　　　　　　　　　　　　　5　双耳彩陶罐

6　双耳短腹彩陶罐

7　单耳彩陶罐

8　双系耳彩陶罐

9　双系耳高腹彩陶罐

10　单耳高足彩陶豆

11　双耳高颈彩陶罐

12　单耳矮腹彩陶杯

13 单耳彩陶豆

14 单耳彩陶豆

15 单耳涡纹彩陶罐

16 单耳彩陶罐

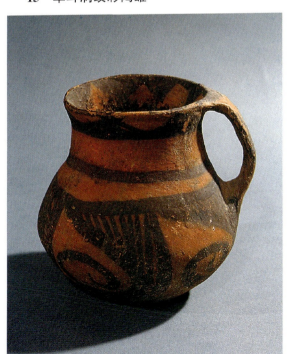

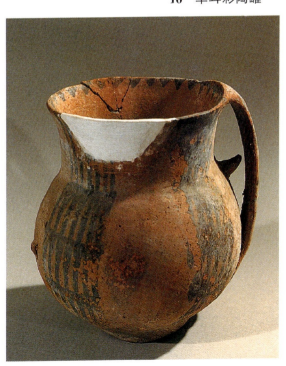

17 单耳彩陶葫芦瓶

18 双竖耳彩陶桶

19 单耳彩陶罐

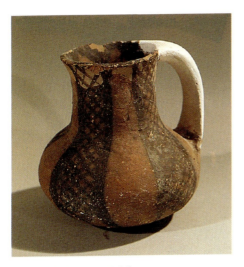

20 单耳矮腹彩陶罐

21 单耳筒形彩陶杯

22 双耳鼓腹彩陶罐

23 单耳彩陶罐

24 单耳彩陶罐

25 单耳彩陶豆

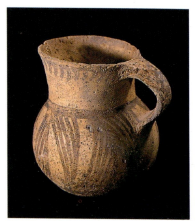

27 单耳彩陶罐

26 单耳涡纹彩陶罐

29 单耳彩陶罐

28 单耳彩陶罐

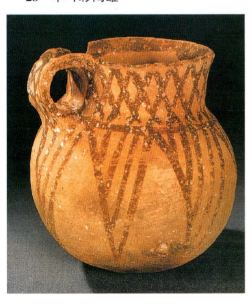

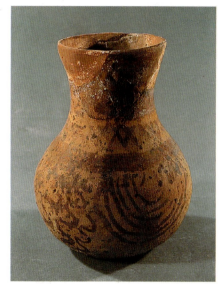

31　弧颈彩陶壶

30　单耳带流驼纹彩陶罐

32　单耳带流彩陶罐

33　单耳带流彩陶罐

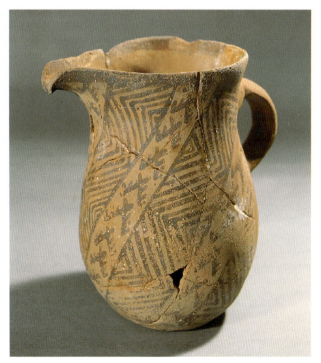

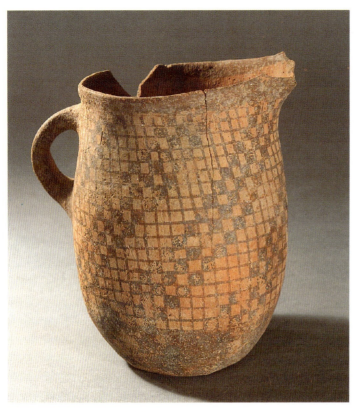

35　单耳带流彩陶罐

34　单耳带流彩陶罐

37　单耳带流彩陶罐

36　单耳带流彩陶罐

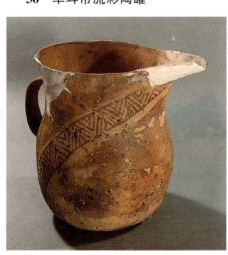

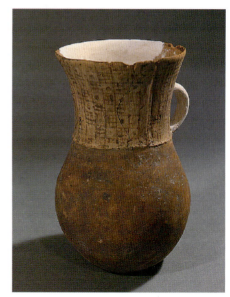

38　球形腹彩陶壶

39　单耳彩陶罐

40　单耳带流彩陶罐

41　单耳带流彩陶罐

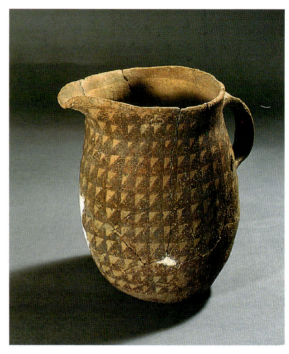

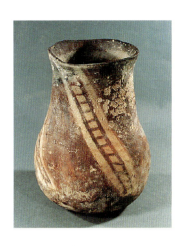

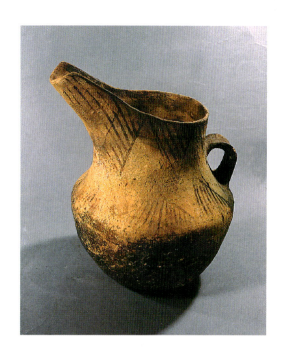

42　彩陶壶

43　单耳高流彩陶罐

44　单耳高流彩陶罐

45 单耳山水纹彩陶釜

46 单耳高流彩陶罐

47 单耳高流彩陶罐

48 长颈彩陶壶

49 短颈彩陶壶

50　折肩彩陶罐

51　单耳网纹彩陶罐

52　单耳梨形彩陶罐

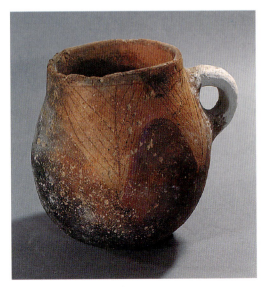

53　双耳矮腹彩陶罐

54　双耳鼓腹彩陶罐

55　双耳矮腹彩陶罐

56　双耳彩陶罐

57　双耳高颈彩陶罐

58　双系耳彩陶罐

59　单耳直腹彩陶杯

60　单耳彩陶钵

61　单耳矮足彩陶豆

62 单耳彩陶钵

63 单耳深腹彩陶钵

64　双耳鼓腹彩陶罐

65　单耳矮足彩陶豆

66 单耳彩陶钵

67 敞口直腹彩陶杯

68 单耳带壶嘴彩陶罐

69 双耳鼓腹彩陶罐

70 双耳矮腹彩陶罐

71 单耳彩陶罐

72　单耳直腹彩陶杯

73　单耳彩陶罐

74　双耳彩陶罐

75 双耳高颈彩陶罐

76 单耳彩陶钵

77 单耳彩陶钵

78　单耳彩陶钵

79　单竖耳彩陶杯

80　单竖耳彩陶杯

81 单竖耳彩陶杯

82 单耳彩陶罐

83 单耳涡纹彩陶罐

84　单耳彩陶钵

85　彩陶钵

86　单耳彩陶钵

87　单耳彩陶罐

88　单耳彩陶罐

89　单耳彩陶罐

90　单耳彩陶罐

91　单耳彩陶罐

92　单耳彩陶罐

93　单耳彩陶罐

94 单耳彩陶罐

95 单耳彩陶罐

96 单耳彩陶罐

97 单耳勾连纹彩陶罐

98 双耳彩陶盆

99 单耳彩陶罐

100　单耳彩陶罐

101　单耳彩陶杯

102　单耳带足彩陶罐

103　单耳彩陶钵

104 单耳高颈彩陶罐

105 单耳彩陶罐

106 单耳彩陶罐

107 单耳高颈彩陶罐

108　单耳彩陶罐 109　单耳彩陶罐

110　高颈彩陶壶

111　单耳勾连涡纹彩陶罐

112　双耳彩陶罐

113　单耳彩陶罐

114　单小錾耳彩陶罐

115　深腹彩陶钵

116　单錾耳彩陶盆

117 单耳彩陶罐

118 单耳彩陶罐

119 单耳彩陶罐

120 单耳彩陶罐

121 单耳彩陶罐

122 单耳带流彩陶罐

123 单耳带流彩陶罐

124 单耳带流彩陶罐

125 单耳带流彩陶罐

126 单耳带流彩陶罐

127 单耳带流彩陶罐

128 单耳带流彩陶罐

129　单耳带流彩陶罐

130　单耳带流彩陶罐

131　单耳带流彩陶罐

132 单耳带流彩陶罐

133 单耳带流彩陶罐

134 单耳带流彩陶罐

135　单耳带流彩陶罐

136　单耳带流彩陶罐

137　单耳带流彩陶罐

138　单耳带流彩陶罐

139　单耳带流彩陶罐

140　单耳带流彩陶罐

141　单耳彩陶罐

142　单耳直腹彩陶罐

144　单耳敞口彩陶杯　　　　　　　　　　　145　双系耳彩陶罐

146　三耳彩陶罐

147　高颈鼓腹彩陶罐

148　高颈鼓腹彩陶罐

149　高颈鼓腹彩陶罐

150　仿皮囊彩陶壶

151　单耳彩陶罐

152 单耳带流彩陶罐

153 单耳带流彩陶罐

154 单耳带流彩陶罐

155　单耳带流彩陶罐

156　山形纹彩陶罐

157　单耳高腹彩陶盆

158　单耳带流彩陶罐

159　单耳高腹彩陶盆

160　圓底彩陶钵

161　深腹圓底彩陶钵

162　圓底彩陶钵

163　圜底彩陶壶

164　单耳彩陶罐

165　单耳彩陶罐

图 版 说 明

1 **双耳人纹彩陶罐（正面）**
哈密 天山北路古墓出土
高 14、口径 11.3 厘米，夹砂红陶，手制。口微敞，短颈，矮腹微鼓，小平底；双耳呈桥形宽带状，位于口沿至上腹部。红衣黑彩，口沿饰二圈宽带纹，带下绘短斜道；颈肩部绘二圈带纹，腹部为六组火焰纹，近耳柄两侧各绘有二道树枝纹。两耳柄上分绘一男、一女人体纹。

2 **双耳人纹彩陶罐（耳柄部分）**
图 1 局部，女人图案。

3 **双耳人纹彩陶罐（耳柄部分）**
图 1 局部，男人图案。

4 **双耳彩陶罐**
哈密 天山北路古墓出土
高 17.2、口径 11.1 厘米，夹砂红陶，手制。口微敞，束弧颈，鼓腹，小平底；双耳呈桥形宽带状，位于口肩部。红衣黑彩，肩部饰一圈细带纹，带下绘由四道平行三角曲折纹组成的六组纹饰。

5 **双耳彩陶罐**
哈密 天山北路古墓出土
高 17.7、口径 9.3 厘米，夹砂红陶，手制。微敞口，高颈，鼓腹，小平底；双耳呈环状，位于口颈部。红衣黑彩，颈部绘十字纹，腹部绘倒三角纹，内填网状纹。

6 **双耳矮腹彩陶罐**
哈密 天山北路古墓出土
高 9、口径 7.8 厘米，夹砂红陶，手制。敞口，短颈，矮腹；双耳较大，耳柄长 5.3、宽 2 厘米，呈弓形宽带状，位于口沿至腹底部。红衣褐彩，口沿内侧有一圈带纹，颈部内侧绘四组由七道短竖线组成一组的纹饰，组与组之间绘 N 纹。器表通体满彩，在口颈部绘七圈带纹和波纹，腹部绘由四道竖弧线组成一组的栅栏纹，共八组；双耳耳柄绘满短横线和交叉 X 线。

7 **单耳彩陶罐**
哈密 五堡古墓出土
高 12.9、口径 9.8 厘米，红陶，手制。直口，短竖颈，鼓腹，平底，环形单耳位于肩部。红衣黑彩，口沿处有一圈短斜纹，腹部绘网纹，其尾线垂延至腹底部。

8 **双系耳彩陶罐**
哈密 天山北路古墓出土
高 11.2、口径 11 厘米，夹砂红陶，陶质粗糙，手制。敛口，鼓腹，小平底；环状双系耳，横置于口沿处。红衣黑彩，通体满绘竖菱形方格纹。

9 **双系耳高腹彩陶罐**
哈密 天山北路古墓出土
高 16.9、口径 9.5 厘米，夹砂红陶，手制。敛口，高弧腹，小平底；环状双系耳，横置于口沿下部。红衣黑彩，通体绘水波纹。

10 **单耳高足彩陶豆**
哈密 焉不拉克古墓出土
通高 18.8、口径 16.3 厘米，夹砂红陶，手制。口微内收，平唇，高圈足，环形单耳位于豆盘口沿处。红衣黑彩，口沿处和唇部有不规则的曲线纹；内彩为主，豆盘内布满彩绘，其纹饰为十字双钩云纹和变体 S 形曲线纹。

11 **双耳高颈彩陶罐**
哈密 焉不拉克古墓出土

高 19.7、口径 9.7 厘米，夹砂红陶，手制。敞口，高颈，鼓腹，平底，环状小双耳位于腹中部，也称腹耳罐。红衣黑彩，口沿内外各绘一圈竖短纹，颈部绘一圈钩状蔓藤纹，颈腹处绘一圈带纹，带下有八道宽竖纹垂至腹底部。

12　单耳矮腹彩陶杯

哈密　焉不拉克古墓出土

高 10、口径 10 厘米，红陶，手制。敞口，短颈，矮腹，桥形单耳位于肩腹部；平底，器底中心有一小孔，小孔口径 1.2 厘米。红衣黑彩，口沿内外各绘一圈蝌蚪纹，肩腹部绘有四道竖线和四组由四条水波纹组成的纹饰。

13　单耳彩陶豆

鄯善　苏贝希古墓出土

通高 17.6、口径 17.8 厘米，红陶，手制。豆盘敛口，弧腹，圈足，环状小单耳位于口沿处。红衣黑彩，豆盘器表满绘竖弧线纹。

14　单耳彩陶豆

鄯善　洋海古墓出土

通高 18.2、口径 19.5 厘米，夹细砂红陶，手制。豆盘敛口，弧腹，环状单耳位于口腹部，圈足。红衣黄、黑彩，豆盘器表绘宽带勾连纹，间隔宽带内填斜线纹，豆盘内绘"十"字纹。

15　单耳涡纹彩陶罐

鄯善　苏贝希古墓出土

高 12、口径 8.5 厘米，夹砂红陶，手制。口微敞，弧颈，矮鼓腹，小平底，桥形宽带单耳位于口腹部。红衣黑彩，口沿内饰一圈填实倒三角纹，口沿外饰一圈填实波纹，颈部绘一道横带纹，腹部满绘变体倒三角勾涡纹，三角内填竖线纹。

16　单耳彩陶罐

托克逊　柯尔碱古墓出土

高 13.5、口径 10 厘米，夹砂红陶，手制。口微敞，弧颈，鼓腹，小平底，弓带形单耳位于口沿至腹底部，在颈肩处还有一小錾耳。红衣黑彩，口沿内绘一圈点纹，器表绘横竖线组成的大栅栏纹。

17　单耳彩陶葫芦瓶

鄯善　洋海古墓区采集

高 22.4、口径 4.2 厘米，夹砂红陶，手制。小口，长颈，鼓腹呈球状，形似葫芦，小平底，环状小单耳位于颈腹处。红衣黑彩，器表绘长锯齿纹，上下交错排列。

18　双竖耳彩陶桶

鄯善　洋海古墓出土

高 14.5、口径 13.5 厘米，夹细砂红陶，手制。直口，直腹壁，平底，双竖耳立于桶口上，两耳柄各有一小孔。红衣黑彩，口沿内外各饰一圈短锯齿纹，腹部上下各绘一圈带纹，内满绘倒三角纹，三角内填网格纹。

19　单耳彩陶罐

鄯善　洋海古墓区采集

高 9.6、口径 9.3 厘米，夹砂红陶，手制。口微敞，短弧颈，鼓腹，圜底，弓形带状大单耳位于口沿至腹底部。红衣黑彩，口沿内饰一圈点纹，器表通体绘三角延长竖线纹。

20　单耳矮腹彩陶罐

托克逊　英亚依拉克古墓出土

高 9.8、口径 5.8 厘米，泥质红陶，手制。敞口，直颈，矮鼓腹，圜底，弓形带状大单耳位于口沿至腹下部。红衣黑彩，口沿内饰填实倒三角纹，器表绘等距五条竖宽带，带内填满网格纹。

21　单耳筒形彩陶杯

鄯善　苏贝希古墓出土

高 10.2、口径 9.4 厘米，夹砂红陶，手制。直口，直腹壁，平底，环形单耳位于腹中部。红衣褐彩，口沿内外各饰一圈填实倒三角纹，腹上部绘上下二圈带纹，带纹下绘正、倒弧形大三角纹，内填方格网纹。

22 双耳鼓腹彩陶罐

托克逊　大墩古墓出土

高 25、口径 21.5 厘米，泥质红陶，手制。敞口，平唇，短竖颈，鼓腹呈球状，小平底，环状双耳位于腹中部。红衣黑彩，口沿内饰一圈垂波纹，颈腹处有一圈带纹，带下腹部绘宽带弧涡纹，宽带内填满斜线纹。

23 单耳彩陶罐

乌鲁木齐南山　阿拉沟古墓出土

高 16.6、口径 9.5 厘米，夹砂红陶，手制。敞口，高弧颈，鼓腹，小平底，环状单耳位于颈腹部。红衣褐彩，通体绘由竖条纹和短斜线纹组成的树枝纹和编织纹。

24 单耳彩陶罐

乌鲁木齐　乌拉泊水库古墓出土

高 12.2、口径 8 厘米，夹砂红陶，手制。口微敞，短弧颈，鼓腹，小平底，桥状宽带单耳位于口腹部。黄白衣黑彩，口沿绘一圈短竖纹，颈腹处绘一圈带纹，带下腹部满绘弧形正倒三角纹，三角内填竖斜线纹。

25 单耳彩陶豆

乌鲁木齐南山　东风厂古墓出土

通高 19.6、口径 22 厘米，夹砂红陶，手制。豆盘口微敞，短颈折腹盘，环状单耳位于豆盘口腹处，圈足。红衣黑彩，豆盘器表满绘粗竖带纹。

26 单耳涡纹彩陶罐

乌鲁木齐南山　鱼儿沟古墓出土

高 14.5、口径 9 厘米，夹砂红陶，手制。口微敞，弧颈，鼓腹，小平底，椭圆状单耳位于颈腹处。红衣褐彩，颈部绘上下两排填实倒长三角纹，颈腹处绘一圈带纹，腹部绘变体三角涡旋纹。

27 单耳彩陶罐

乌鲁木齐　柴窝堡古墓出土

高 9.8、口径 11 厘米，夹砂红陶，手制。口微敞，短颈，矮鼓腹，小平底，环状单耳位于腹部。红衣褐彩，口沿内饰一圈斜短线，腹部绘横勾连涡纹。

28 单耳彩陶罐

乌鲁木齐南山　东风厂古墓出土

高 13.6、口径 9.2 厘米，夹砂红陶，手制。口微敞，直弧颈，鼓腹，圜底，椭圆形单耳位于颈部。红衣红彩，颈部满绘网状纹，腹部绘倒三角纹，内绘斜竖线纹。

29 单耳彩陶罐

乌鲁木齐南山　阿拉沟古墓出土

高 13.6、口径 9.2 厘米，夹砂红陶，手制。口微敞，弧颈，鼓腹呈球状，桥形宽带单耳位于颈腹部。红衣黑彩，口沿内饰有垂波纹，器表颈部满绘细密网格纹，腹部绘大倒三角纹，内绘竖弧线纹。

30 单耳带流驼纹彩陶罐

和静　察吾呼沟古墓出土

高 21.3、口径 18.2 厘米，夹细砂红陶，手制。口微敞，带流，流嘴稍宽；束弧颈，鼓腹下收，小平底，环状宽带单耳位于颈腹处。黄白衣红彩，在颈腹处绘一圈卧驼纹。

31 弧颈彩陶壶

和静　察吾呼沟四号墓地出土

高 15、口径 7.6 厘米，夹砂红陶，手制。敞口，束弧颈，鼓腹，小平底。黄白衣红彩，器表在口沿、颈部和腹上部各绘一圈宽带纹，在宽带之间绘连线 X 交叉纹，腹部依次绘平行同心半圆纹、变体 S 形曲折纹、窃曲纹。

32 单耳带流彩陶罐

和静　察吾呼沟古墓出土

高 14.2、口径 11.2 厘米，夹细砂红陶，手制。口微敞，带流，流嘴宽长；束颈，鼓腹，平底，桥形宽带单耳位于颈腹部。黄白衣褐彩，通体由两组斜宽带纹饰间隔组成，一组绘变体鸟纹，一组绘斜向平行曲折纹。

33 单耳带流彩陶罐

和静 察吾呼沟四号墓地出土

高 13.5、口径 15.5 厘米，夹砂红陶，手制。大口微敞，带流，流嘴宽大；弧颈较粗，腹微鼓，平底，环状大单耳位于颈腹处。红衣白、褐彩，在颈部饰一圈白色宽带，带上绘一圈平行竖点纹。

34 单耳带流彩陶罐

和静 察吾呼沟一号墓地出土

高 13.3、口径 9.6 厘米，夹砂红陶，手制。直口，带流，流嘴宽大；短颈，长弧腹，小平底，桥形宽带状单耳位于颈腹部。白衣红彩，口沿内外各饰一圈带纹，通体绘呈斜向排列的虚实方格纹，腹底部通抹红彩。

35 单耳带流彩陶罐

和静 察吾呼沟古墓出土

高 17.7、口径 11.6 厘米，夹砂红陶，手制。口微敞，带流，流嘴宽长；束弧颈，颈腹处起棱；鼓腹，小平底，桥形单耳位于颈腹部。黄白衣褐彩，颈部绘点线双行倒三角纹，棱下腹部绘变体刺毛虫纹，其尾部似蜥蜴纹。

36 单耳带流彩陶罐

和静 察吾呼沟一号墓地出土

高 13.9、口径 10.5 厘米，夹砂红陶，手制。口微敞，带流，流嘴宽长；弧颈较粗，圆腹，平底，桥形带状单耳位于颈腹部。红衣白、褐彩，口沿内绘一圈带纹，器表从口流处至腹底部绘一白色斜宽带纹，带中绘褐色曲折线纹。

37 单耳带流彩陶罐

和静 察吾呼沟古墓出土

高 12.5、口径 11 厘米，夹细砂红陶，手制。口微敞，带流，流嘴宽大；束弧颈，圆腹，平底，桥形带状单耳位于颈腹部。黄白衣红彩，通体彩绘。口沿至腹上部绘八排填实倒三角纹和双行竖回形纹两组纹饰，腹下部通抹红彩。

38 球形腹彩陶壶

和静 察吾呼沟古墓出土

高 35.6、口径 14.8 厘米，夹砂红陶，手制。口微敞，弧颈，鼓腹呈球状，小平底。红衣白、红彩，在口沿至腹部局部涂不规则宽白带，带上分别绘如意缠枝纹、方格和点纹。

39 单耳彩陶罐

和静 察吾呼沟古墓出土

高 13.4、口径 8 厘米，夹砂红陶，手制。敞口，长弧颈，圆腹，小平底，环状单耳位于颈部。白衣褐彩，颈部满绘方格纹，内填短横竖纹、井字纹和点纹，腹部通抹褐彩。

40 单耳带流彩陶罐

和静 察吾呼沟四号墓地出土

高 21.6、口径 20 厘米，夹砂红陶，手制。口微敞，圆唇，带流，流嘴粗长；弧颈腹，平底，桥形单耳位于颈腹部。黄白衣红彩，通体绘斜向虚实相间的方格纹。

41 单耳带流彩陶罐

和静 察吾呼沟古墓出土

高 14、口径 10.8 厘米，夹砂红陶，手制。口微敞，带流，流嘴宽长；短束颈，弧腹，平底，桥形单耳位于颈腹部。白衣红彩，通体绘三角旗帜纹。

42 彩陶壶

轮台 群巴克古墓出土

高 18.5、口径 10.2 厘米，夹砂红陶，手制。口微敞，弧颈腹，小平底。红衣白、红彩，从口沿处向腹部绘两道斜白带纹，带上绘方格斜梯纹。

43　单耳高流彩陶罐

轮台　群巴克古墓出土

高 22、口径 11.5 厘米，夹砂红陶，手制。敞口，带流，流嘴宽大高翘；束颈，溜肩，鼓腹，小平底，环状单耳位于颈腹处。白衣褐彩，在颈腹部绘正倒三角纹，三角内填斜线纹，流嘴处绘平行竖线纹。

44　单耳高流彩陶罐

轮台　群巴克古墓出土

高 21.1、口径 11.6 厘米，夹砂红陶，手制。直口，带流，流嘴宽大高翘；束颈，鼓腹，小平底，环状单耳位于颈腹处。白衣褐彩，器表从口沿至腹部绘对称正倒三角纹，三角内填斜线纹，在各组三角纹之间分绘人头纹和 O 纹、方格纹。

45　单耳山水纹彩陶釜

拜城　克孜尔水库古墓出土

高 22.5、口径 21 厘米，夹砂红陶，手制。口微敞，短颈，深腹微鼓，环状单耳位于腹上部。白衣褐彩，口沿处有一圈宽带纹，带下腹上部绘上下两排山形纹，下绘三道平行水波纹。

46　单耳高流彩陶罐

拜城　克孜尔水库古墓出土

高 39、口径 21 厘米，夹砂红陶，手制。口微敞，带流，流嘴粗大上翘；弧颈，鼓腹，小平底，环状单耳位于颈腹处。白衣褐彩，口沿至流嘴全部抹褐彩，颈部和腹上部上下交错绘八排山形纹，腹下部绘二道平行水波纹，近腹底部绘一圈带纹。

47　单耳高流彩陶罐

拜城　克孜尔水库古墓出土

高 28、口径 16 厘米，夹砂红陶，手制。直口，带流，流嘴宽大上翘；弧颈，

圆腹，小平底，环状单耳位于颈腹处。白衣褐彩，口沿内外饰一圈带纹，带下有不规则的点纹，口沿至腹部绘下垂曲折点线纹和不规则弧线勾连纹。

48　长颈彩陶壶

昭苏　夏台古墓出土

高 29、口径 11 厘米，夹砂红陶，手制。敞口，长弧颈，鼓腹呈球状，圜底。红衣红彩，口沿绘一圈倒三角纹，颈部绘虚实方格纹，部分方格纹中填点纹，腹部绘曲折纹，器底有烟炱痕迹。

49　短颈彩陶壶

昭苏　夏台古墓出土

高 23.5、口径 8 厘米，夹砂红陶，手制。口微敞，短弧颈，鼓腹呈球状，小平底。红衣红彩，腹上部由两组纹饰间隔组成，一组为半圆弧线纹，一组为菱形网纹，在两组纹饰的左上角均绘有一填实的斜倒三角纹。

50　折肩彩陶罐

察布查尔　索敦布拉克甲区墓地出土

高 35、口径 10.8 厘米，夹砂红陶，手制，打磨光滑。口微敞，长弧颈，折肩，弧腹，小平底。红衣黄彩，颈肩部为长方棋盘格纹，腹部绘由填实小菱形纹、新月纹、大菱形纹相间组成的纹饰。

51　单耳网纹彩陶罐

新源　黑山头古墓出土

高 12.5、口径 11.8 厘米，夹细砂红陶，手制。敛口，球状鼓腹，小平底，椭圆形宽带单耳位于腹部。红衣红彩，通体满绘菱形方格网纹，耳柄绘平行横线纹。

52　单耳梨形彩陶罐

察布查尔　索敦布拉克古墓出土

高 12.1、口径 8.5 厘米，红陶，手制。直口，短颈，弧鼓腹，圜底，状似梨，环状单耳位于腹上部。红衣红彩，口沿内外各有一圈带纹，颈腹部绘倒伞状树

叶纹，腹下部绘填实大水波纹，器底有烟炱。

53 双耳矮腹彩陶罐

哈密 天山北路古墓区采集

高 13.6、口径 11.4 厘米，夹砂红陶，手制。敞口，短弧颈，矮鼓腹，小平底；双耳呈宽带状从口沿延至肩部，耳柄长 6、宽 4 厘米。红衣黑彩，颈肩处有上下各两圈横带纹，横带纹中绘交叉水波纹，腹部绘火焰纹，在耳柄两侧各绘两道竖纹。

54 双耳鼓腹彩陶罐

哈密 天山北路古墓出土

高 14.5、口径 10.5 厘米，红陶，手制。敞口，短竖颈，鼓腹，小平底；双耳呈宽带状，位于口沿至肩部，耳柄长 5.8、宽 2－2.8 厘米。红衣黑彩，颈肩处有一圈横带纹，带下绘倒三角杂草纹，腹中部绘间断的横短曲线纹。

55 双耳矮腹彩陶罐

哈密 天山北路古墓出土

高 15、口径 11.2 厘米，红陶，手制。敞口，短弧颈，矮鼓腹，小平底；双耳呈宽带状，位于从口沿至肩腹部，耳柄长 6、宽 2.3－3.5 厘米。红衣黑彩，口沿内外饰一圈带纹，颈肩处绘一圈横带纹，口沿至腹部绘竖宽带纹，其间绘三叶纹。

56 双耳彩陶罐

巴里坤 南湾古墓出土

高 18、口径 15.3 厘米，夹砂红陶，手制。敞口，短竖颈，鼓腹较矮，小平底；两耳呈环状，位于腹中部。红衣黑彩，口沿内外绘一周短竖纹，颈肩处有一圈横带纹，带下绘倒三角网纹。

57 双耳高颈彩陶罐

哈密 五堡古墓出土

高 14.8、口径 7.5 厘米，红陶，手制。敞口，长颈，鼓腹，平底；双耳小呈环状，位于腹中部。红衣黑彩，颈部饰竖曲折纹，腹部为竖条纹。

58 双系耳彩陶罐

哈密 天山北路古墓区采集

高 10.5、口径 10.7 厘米，夹砂红陶，手制。敛口，鼓腹，平底；双耳小，呈扳状位于口沿处，耳孔很小。红衣黑彩，腹部满绘菱形纹。

59 单耳直腹彩陶杯

哈密 焉不拉克古墓出土

高 10、口径 8.7 厘米，红陶，手制。敞口，直腹，平底；底部有一小孔，小孔口径 0.5 厘米；桥形宽带单耳位于腹部。红衣黑彩，口沿内有一圈 S 形短曲折纹，器表从口沿至器底有六道竖曲折纹，其间绘短竖纹及水波纹。

60 单耳彩陶钵

哈密 焉不拉克古墓出土

高 6、口径 13.5 厘米，红陶，手制。平口，直腹，圆平底；单耳呈宽带环状，位于口沿至腹部，耳柄上部高出口沿。红衣黑彩，口沿及腹上部各绘有一圈横带纹，带中绘短竖线及垂帐纹。

61 单耳矮足彩陶豆

哈密 焉不拉克古墓出土

通高 12.7、口径 16.5 厘米，夹砂红陶，手制。口微内收，平唇，矮圈足；单耳呈环状，位于豆盘口沿处。红衣黑彩，内彩，在豆盘内绘双钩十字如意云纹和 S 形曲折纹。

62 单耳彩陶钵

哈密 焉不拉克古墓出土

高 6.4、口径 14 厘米，红陶，手制。口微敛，浅腹，圆平底，底部凿有一小孔；宽带单耳位于口沿至腹部。红衣黑彩，器表饰曲折纹。

63 单耳深腹彩陶钵

哈密 拉甫却克古墓出土

高 8.4、口径 15.5 厘米，红陶，手制。平口，深腹，小平底；单小耳呈环状，附于口沿处。红衣黑彩，内外涂彩，口沿内绘横带纹，带下间隔绘双短竖纹，器表绘长方格纹。

64　双耳鼓腹彩陶罐

哈密　焉不拉克古墓出土

高 10.3、口径 6.4 厘米，夹砂红陶，手制。口微敞，直颈，鼓腹，平底；双耳小呈环状，位于腹部。红衣黑彩，在口沿处涂不规则的倒三角纹，肩部绘一圈横带纹，带下绘竖弧线纹和变体 S 形纹。

65　单耳矮足彩陶豆

哈密　五堡古墓出土

通高 10、口径 13.5 厘米，夹砂红陶，手制。敞口，唇内斜，矮圈足，单耳呈扁环状位于豆盘口腹处。红衣黑彩，内彩，豆盘内绘中空十字纹。

66　单耳彩陶钵

哈密　焉不拉克古墓出土

高 6.9、口径 9.2 厘米，夹砂红陶，手制。敛口，深腹，平底，单耳横置于口沿下。红衣黑彩，口沿处绘一圈不规则斜角纹，腹部绘缠枝纹。

67　敞口直腹彩陶杯

哈密　榆树沟遗址采集

高 9.9、口径 7.4 厘米，夹砂红陶，手制。敞口，圆唇，直腹，平底。红衣黑彩，在口沿、颈部和上腹部各绘一圈横带纹。

68　单耳带壶嘴彩陶罐

哈密　天山北路古墓区采集

高 9.1、口径 6 厘米，夹砂红陶，手制。口微敞，束颈，鼓腹，平底；单耳呈宽带状，位于口肩处；腹部有一长壶嘴。红衣黑彩，在肩腹部绘有二圈横带纹，带下饰不规则曲折纹。

69　双耳鼓腹彩陶罐

哈密　天山北路古墓区采集

高 14.5、口径 9.4 厘米，夹砂红陶，手制。敞口，平唇，弧颈，鼓腹，小平底；双耳呈宽带状，位于颈肩处。红衣黑彩，颈部绘树枝纹，颈腹处绘一圈横带纹，腹部绘杂草纹。耳柄绘横竖线纹。

70　双耳矮腹彩陶罐

哈密　天山北路古墓区集

高 13、口径 9.5 厘米，夹砂红陶，手制。敞口，短颈，矮鼓腹，小平底，宽带状桥形双耳位于颈腹部。红衣黑彩，口沿处有二圈横带纹，腹部绘倒三角纹，内填斜线纹，耳柄绘方格纹。

71　单耳彩陶罐

巴里坤　大河乡遗址采集

高 18.5、口径 9.7 厘米，夹砂红陶，手制。口微敞，长弧颈，矮腹微鼓，小平底，宽带状桥形单耳位于肩腹部。红衣黑彩，在口、颈、肩和下腹部各绘有三圈横宽带，带中绘平行曲折纹。

72　单耳直腹彩陶杯

哈密　焉不拉克古墓出土

高 8.9、口径 8.8 厘米，夹砂红陶，手制。平口，直腹，平底，器底有一小孔；宽带桥形大单耳，位于口沿至腹底部。红衣黑彩，绘竖、横水波纹。

73　单耳彩陶罐

哈密　天山北路古墓出土

高 8.9、口径 10.2 厘米，夹砂红陶，手制。敛口，弧腹，平底；单耳呈环状，位于颈部。红衣黑彩，通体绘平行曲折纹。

74　双耳彩陶罐

哈密　天山北路古墓出土

高 10.8、口径 9.6 厘米，夹砂红陶，手制。口微敞，直颈，矮鼓腹，小平底；双耳呈宽带状，位于口肩处。红衣黑彩，口沿内外绘一圈锯齿纹，腹部绘丰字纹和杂草纹。

75　双耳高颈彩陶罐

　　哈密　焉不拉克古墓出土

　　高 12.5、口径 8.1 厘米，夹砂红陶，手制。口微敞，长弧颈，鼓腹，小平底；双耳位于腹部，为穿孔系耳。红衣黑彩，口沿绘一圈倒三角纹，肩腹处有一圈横带纹，带下绘倒三角纹延长至腹底，其间绘竖曲折纹。

76　单耳彩陶钵

　　哈密　焉不拉克古墓出土

　　高 7、口径 15.2 厘米，夹砂红陶，手制。平口，短颈，折腹，圜底，器底有一小孔；宽带状单耳位于口肩处。红衣黑彩，口沿处绘一圈水波纹，腹部绘短水波纹。

77　单耳彩陶钵

　　哈密　焉不拉克古墓出土

　　高 5.6、口径 16 厘米，夹砂红陶，手制。口微敛，直腹，圜底，宽带状单耳位于口腹部。红衣黑彩，口沿处绘一圈点纹，腹上部绘二圈横曲折纹，下绘短曲折纹。

78　单耳彩陶钵

　　鄯善　洋海古墓出土

　　高 10、口径 18.4 厘米，泥质红陶，手制。口微敛，折唇，短颈，曲腹，小平底；横单耳呈环状位于颈腹部，耳柄上有一乳钉。红衣黑彩，口沿内有一圈竖短纹，器表绘交错排列的竖条纹和内填网纹的倒三角纹。

79　单竖耳彩陶杯

　　鄯善　洋海古墓出土

　　高 8.7、口径 10.8 厘米，泥质红陶，手制。敞口，直腹，平底；单竖耳立于口沿上，耳柄上部呈齿轮状。红衣红彩，口沿处饰一圈横带纹，带下绘竖条纹。

80　单竖耳彩陶杯

　　鄯善　洋海古墓出土

　　通高 11.5、口径 10 厘米，泥质红陶，手制。口微敞，直腹，平底；单竖耳立于口沿上，耳柄上部呈齿轮状。红衣褐彩，口沿内饰一圈横带纹，器表绘填实正倒三角纹。

81　单竖耳彩陶杯

　　鄯善　洋海古墓出土

　　通高 14.7、口径 13.5 厘米，泥质红陶，手制。直口，直壁，平底；单竖耳立于口沿上，耳柄上部呈齿轮状。红衣褐彩，口沿内及耳柄上绘不规则捺纹，器表绘曲折纹。

82　单耳彩陶罐

　　鄯善　洋海古墓出土

　　高 7、口径 7.4 厘米，夹砂红陶，手制。口微敞，短颈，圆腹，圜底，大环形单耳横置于肩部。红衣黑彩，口沿内饰一圈不规则点纹，腹部绘不规则网状菱形纹。

83　单耳涡纹彩陶罐

　　鄯善　苏贝希古墓出土

　　高 11、口径 9.5 厘米，夹砂红陶，手制。口微敞，直颈，矮鼓腹，小平底，环状单耳位于腹部。红衣黑彩，口沿内绘一圈填实倒三角纹，器表口沿处绘粗线波纹，颈腹部绘一圈横带纹，腹部绘变体三角连涡纹和竖线纹。

84　单耳彩陶钵

　　鄯善　苏贝希古墓出土

　　高 8、口径 15.8 厘米，夹砂红陶，手制。敛口，深腹，平底，宽带状环形单耳位于口腹部。红衣黑彩，口沿内涂一圈横带纹，器表通体绘弧线勾连纹。

85　彩陶钵

　　鄯善　洋海古墓出土

　　高 9、口径 16.5 厘米，红陶，手抹制。口微敛，平唇，弧腹，小平底。红衣黑彩，器表绘弧线纹。

86　单耳彩陶钵
鄯善　苏贝希古墓出土

高6、口径11.5厘米，泥质红陶，手制。敛口，深腹，小平底，小环状单耳位于口沿部。红衣黑彩，腹上部绘三道垂帐纹，腹中部绘一圈横带纹。

87　单耳彩陶罐
乌鲁木齐南山　东风厂古墓出土

高12.5、口径10.2厘米，夹砂红陶，手制。敞口，束颈，鼓腹，圜底，宽带状大单耳位于口沿至腹底部。红衣黑彩，口沿内饰一圈短竖纹，器表通体绘竖条纹。

88　单耳彩陶罐
乌鲁木齐南山　东风厂古墓出土

高16.2、口径9.7厘米，夹砂红陶，手制。敞口，长弧颈，矮鼓腹，圜底，桥形单耳位于颈腹处。红衣红彩，颈部绘内填斜线的倒三角纹，腹部绘树枝纹。

89　单耳彩陶罐
乌鲁木齐南山　东风厂古墓出土

高15.6、口径8.9厘米，夹砂红陶，手制。敞口，弧颈，鼓腹，圜底，环状单耳位于颈腹处。红衣黑彩，通体绘六组几何纹和竖波浪纹。

90　单耳彩陶罐
乌鲁木齐南山　东风厂古墓出土

高15.5、口径9厘米，夹砂红陶，手制，器表打磨光滑。敞口，弧颈，圆腹，圜底，环状单耳位于颈腹处。红衣红彩，颈部绘三圈横带纹，带内满绘同心半圆纹，腹部绘内填方格的倒三角纹。

91　单耳彩陶罐
乌鲁木齐南山　东风厂古墓出土

高13.4、口径8厘米，夹砂红陶，手制。敞口，弧颈，鼓腹，圜底，环状单耳位于颈腹处。红衣红彩，颈部饰不规则粗线方格纹，腹部绘树枝纹。

92　单耳彩陶罐
乌鲁木齐南山　东风厂古墓出土

高14.4、口径9厘米，夹砂红陶，手制。直口，短弧颈，鼓腹，圜底，环状单耳位于颈腹处。红衣红彩，通体彩绘大方格纹，内绘填实三角纹和斜线纹。

93　单耳彩陶罐
乌鲁木齐南山　东风厂古墓出土

高9、口径5.1厘米，夹砂红陶，手制。口微敞，弧颈腹，平底，粗环状单耳位于颈腹处。红衣红彩，通体彩绘不规则方格几何纹。

94　单耳彩陶罐
乌鲁木齐南山　东风厂古墓出土

高14.5、口径8厘米，夹砂红陶，手制。直口，竖颈，矮鼓腹，圜底，桥形单耳位于颈腹处。红衣黑彩，颈部绘倒三角纹内填竖线纹，腹部倒三角纹内填方格网纹。

95　单耳彩陶罐
乌鲁木齐南山　东风厂古墓出土

高11.9、口径8厘米，夹砂红陶，手制。口微敞，竖弧颈，矮腹，小平底，环状单耳位于颈腹处。红衣黑彩，口沿内饰一圈横带纹，器表通体彩绘网格纹。

96　单耳彩陶罐
乌鲁木齐南山　阿拉沟古墓出土

高14、口径9.4厘米，夹砂红陶，手制。口微敞，竖弧颈，鼓腹，小平底，桥形宽带大单耳位于颈腹处。红衣褐彩，口沿处绘一圈不规则倒三角纹，颈腹部纹饰剥蚀不清，腹下部绘水波纹。

97　单耳勾连纹彩陶罐
乌鲁木齐南山　鱼儿沟古墓出土

高18、口径9厘米，夹砂红陶，手制。口微敞，弧颈，矮鼓腹，平底，宽带状桥形大单耳位于口腹部。红衣褐彩，口沿处绘短竖纹，腹部绘斜三角勾连纹，内填斜线。

98 双耳彩陶盆

乌鲁木齐南山　鱼儿沟古墓出土

高 12、口径 27 厘米，夹砂红陶，手制。敛口，深腹，小平底，环状小双耳位于口沿处。红衣黑彩，器表绘填实弧形倒三角纹。

99 单耳彩陶罐

乌鲁木齐南山　阿拉沟古墓出土

高 15、口径 9 厘米，夹砂红陶，手制。口微敞，长颈，球状腹，圜底，环状单耳位于颈腹处。红衣褐彩，颈部绘不规则方格纹，腹部绘伞形树枝纹。

100 单耳彩陶罐

乌鲁木齐南山　鱼儿沟古墓出土

高 7、口径 8.5 厘米，夹砂红陶，手制。直口，短颈，肩稍凸，鼓腹，圜底；环形大单耳位于口腹部，耳柄稍高出口沿。红衣黑彩，器内外绘有弧形宽带纹。

101 单耳彩陶杯

乌鲁木齐南山　鱼儿沟古墓出土

高 10.6、口径 6.5 厘米，夹砂红陶，手制。口微敞，直腹，平底，环状单耳位于腹部。红衣黑彩，器表通体彩绘方格纹内填斜三角纹。

102 单耳带足彩陶罐

鄯善　洋海古墓出土

通高 7.4、口径 8.4 厘米，泥质红陶，手制。敞口，束颈，鼓腹，喇叭形矮圈足；横环状单耳竖于上腹部，耳柄上有一乳钉；腹部有五个乳钉。红衣黑彩，口沿内外绘短斜捺纹，腹部绘波形涡旋纹。

103 单耳彩陶钵

鄯善　洋海古墓出土

高 8、口径 13.9 厘米，夹细砂红陶，手制。口微敞，短颈，弧腹，小平底，环状小单耳位于颈腹处。红衣黑彩，口沿内饰一圈垂波纹，耳柄两侧绘填实延长倒三

角纹，腹部绘长倒三角纹内填网格纹。

104 单耳高颈彩陶罐

鄯善　苏贝希古墓出土

高 16、口径 7.6 厘米，夹砂红陶，手制。口微敞，高颈，矮鼓腹，小平底，宽带状桥形单耳位于颈腹部。红衣褐彩，口沿内绘垂波纹，器表口沿处绘网纹，腹部绘变体倒三角勾连纹。

105 单耳彩陶罐

鄯善　洋海古墓出土

高 11.7、口径 10.3 厘米，夹砂红陶，手制。口微敞，弧颈腹，圜底，宽带状桥形大单耳位于口沿至腹底部。红衣黑彩，器表通体绘长倒三角纹。

106 单耳彩陶罐

鄯善　连木沁乡汉墩古墓出土

高 10、口径 8.2 厘米，夹砂红陶，手制。口微敞，短弧颈，鼓腹，圜底，环形单耳位于颈部。红衣黑彩，口沿内有一圈小点纹，口沿至颈部绘倒三角纹，腹部绘杂草纹。

107 单耳高颈彩陶罐

托克逊　大墩古墓区采集

高 13、口径 7.8 厘米，夹粗砂红陶，手制。敞口，高颈，矮鼓腹，圜底，宽带状桥形大单耳位于颈至腹底部。红衣黑彩，口沿内饰双垂波纹，器表通体绘竖线纹及曲折纹。

108 单耳彩陶罐

托克逊　喀格恰克古墓出土

高 13、口径 8.5 厘米，夹砂红陶，手制。口微敞，弧颈，鼓腹，圜底，宽带状桥形大单耳位于口沿至腹底部。红衣黑彩，通体绘竖弧线纹。

109 单耳彩陶罐

托克逊　大墩古墓出土

高 15.8、口径 8.7 厘米，夹细砂红陶，手制。口微敞，弧颈，鼓腹，圜底，

宽带状桥形大单耳位于口沿至腹部。红衣黑彩，口沿内饰填实倒三角纹，器表口沿处绘波纹，腹部绘勾连涡纹。

110　高颈彩陶壶

鄯善　苏贝希古墓区采集

高 13、口径 6.5 厘米，夹细砂红陶，手制。口微敞，高颈，矮鼓腹，圜底，在器腹下部有一月牙形附加堆纹。红衣黑彩，口沿内饰不规则捺纹，器表口颈部绘交叉 X 纹，颈腹处绘二圈横带纹，腹部绘云涡纹。

111　单耳勾连涡纹彩陶罐

乌鲁木齐　乌拉泊水库古墓出土

高 14.8、口径 9.5 厘米，夹砂红陶，手制。敞口，弧颈，鼓腹，小平底，宽带环状单耳位于颈腹处。红衣红彩，口沿内抹一圈带纹，器表通体彩绘，颈部绘填实斜倒三角纹，腹部为变体三角勾连涡纹，耳柄绘交叉方格网纹。

112　双耳彩陶罐

阜康　阜北农场采集

高 9.2、口径 7 厘米，夹砂红陶，手制。口微敞，短弧颈，矮鼓腹，圜底；宽带形大双耳位于口沿至腹中部，耳柄上端稍高出口沿。红衣黑彩，口颈部绘一圈填实倒三角纹，肩处一圈横带纹，腹部为变形长弧三角勾连纹，三角内填斜线纹。

113　单耳彩陶罐

阜康　阜北农场采集

高 11.8、口径 9 厘米，夹砂红陶，手制。平口，短颈，鼓腹，圜底；宽带形大单耳位于口沿至腹中部，耳柄上端稍高出口沿。红衣黑彩，口沿绘一圈三角纹，腹部绘不规则长弧正倒三角勾连纹，三角内填斜线纹，耳柄绘长 X 纹。

114　单小鋬耳彩陶罐

吐鲁番　艾丁湖古墓出土

高 17.5、口径 16.4 厘米，夹粗砂红

陶，手制。敞口，弧颈腹，圜底，一小鋬耳位于腹中部。红衣黑彩，器表绘长 X 纹。

115　深腹彩陶钵

玛纳斯　清水河子遗址区采集

高 10、口径 18.5 厘米，夹砂红陶，手制。口微敛，深腹，圜底。白衣红彩，器表绘上下对称的填实大三角形纹，其间绘菱形网纹。

116　单鋬耳彩陶盆

乌鲁木齐　乌拉泊水库古墓出土

高 10、口径 21.7 厘米，红陶，手制。敞口，折唇，上腹微鼓，下腹内收，小圈足，鋬状单耳位于腹上部。红衣黑彩，口沿内外绘垂波纹。

117　单耳彩陶罐

乌鲁木齐　乌拉泊水库古墓区采集

高 11.5、口径 9.5 厘米，夹砂红陶，手制。口微敞，短竖颈，鼓腹，圜底，桥形宽带单耳位于口沿至腹中部。红衣褐彩，口沿内外饰一圈倒三角纹，颈腹处绘一圈小垂波纹，腹部绘变体三角勾连涡纹，三角内填弧线纹。

118　单耳彩陶罐

乌鲁木齐　乌拉泊水库古墓出土

夹砂红陶，手制。直口，直颈，鼓腹，圜底，宽带环形单耳位于颈腹处。红衣红彩，腹部两侧各绘一大菱形纹，内填方格网纹，在大菱形纹两边绘小菱形纹。

119　单耳彩陶罐

奇台　水磨河遗址采集

高 11.5、口径 12 厘米，夹砂红陶，手制。口微敞，短颈，鼓腹，圜底，宽带形环状大单耳位于口沿至上腹部。红衣褐彩，通体彩绘方格网纹。

120　单耳彩陶罐

玛纳斯　清水河子遗址采集

高 11.5、口径 8 厘米，夹砂红陶，手

制。口微敞，折唇，直颈，球形腹，圜底，宽带桥形单耳位于口沿至腹上部。白衣红彩，口沿处绘一圈倒三角纹，腹部通体绘不规则网状纹。

121 单耳彩陶罐

木垒 61公里处遗址采集

高16、口径10厘米，夹砂红陶，手制。口微敞，弧颈，鼓腹，圜底，宽带桥形大单耳位于口沿至腹部。红衣黑彩，口沿内饰一圈倒三角纹，口沿外饰水波纹，腹部绘正倒三角勾连纹，三角内填斜线纹。

122 单耳带流彩陶罐

和静 察吾呼沟四号墓地出土

高11.6、口径12.2厘米，夹砂红陶，手制。大口，圆唇，带流，流嘴粗大（已残）；弧颈，圆腹，小平底，桥状大单耳位于颈腹部。红衣黄白、红彩，在颈部涂一圈黄白宽带，带内中间绘一道红横带纹，带上用红彩绘曲折纹。

123 单耳带流彩陶罐

和静 察吾呼沟古墓出土

高23、口径21厘米，夹砂红陶，手制。口微敞，带流，流嘴宽大；弧颈，圆腹，小平底，环状单耳位于颈腹处。红衣红彩，在口颈部局部绘三道平行倒三角方格纹。

124 单耳带流彩陶罐

和静 察吾呼沟四号墓地出土

高13.2、口径10.8厘米，夹砂红陶，手制。口微敞，方唇，带流，流嘴宽大（已残）；弧颈，鼓腹，小平底，环状单耳位于颈腹处。红衣白、红彩，颈部涂白色宽带纹，带上用红彩绘二道平行横线纹，横线内用红彩绘平行曲折纹。

125 单耳带流彩陶罐

和静 察吾呼沟一号墓地出土

高11、口径7（带流10）厘米，夹砂红陶，手制。口微敞，带流，流嘴宽大；束颈，圆腹，小平底，环状单耳位于颈腹处。红衣白、红彩，用白彩在口颈部一侧局部涂一倒三角形，在三角形中用红彩绘细密的斜方格纹。

126 单耳带流彩陶罐

和静 察吾呼沟一号墓地出土

高15.6、口径8.3厘米，夹砂红陶，手制。口微敞，带流，流嘴宽大微上翘；弧颈，圆腹，小平底，环状单耳位于颈腹处。红衣白、红彩，在颈腹部涂一圈宽白带，带上用红彩绘棋盘格纹。

127 单耳带流彩陶罐

和静 察吾呼沟四号墓地出土

高13.6、口径12厘米，夹砂红陶，手制。大口，尖唇，带流，流嘴宽长；束颈，鼓腹，平底，环状大单耳位于口腹部。红衣白、红彩，颈部涂白彩横宽带，带上绘二道红横线及三道平行连续曲折纹。

128 单耳带流彩陶罐

和静 察吾呼沟古墓出土

高14.3、口径14.7厘米，夹细砂红陶，手制。大口，带流，流嘴宽长；束颈，鼓腹，小平底，环状单耳位于颈部。红衣白、红彩，在颈部涂一圈白宽横带，带上用红彩绘一圈回形纹。

129 单耳带流彩陶罐

和静 察吾呼沟古墓出土

高15、口径11.5厘米（带流嘴），夹砂红陶，手制。敞口，带流，流嘴宽长微上翘；束弧颈，鼓腹，圜底，环状宽带单耳位于颈肩部。红衣白、红彩，在颈部涂一圈白宽横带，带上绘棋盘方格纹。

130 单耳带流彩陶罐

和静 察吾呼沟四号墓地出土

高13.8、口径12.4厘米，夹砂红陶，手制。口微敞，平唇，带流，流嘴宽大；

束颈，鼓腹，平底，环状单耳位于颈部。红衣白、褐彩，在颈部涂一白色宽带，带上绘连接网格菱形纹。

131　单耳带流彩陶罐

和静　察吾呼沟四号墓地出土

高 27.8、口径 17.3、流嘴长 7.7 厘米，夹砂红陶，手制。直口，带流，流嘴宽长；弧颈，圆腹，小平底，环状单耳位于颈部。红衣白、褐彩，在口沿至腹部一侧局部涂一不规则的白斜宽带，带上用褐彩绘虚实斜小方格纹和点线纹。

132　单耳带流彩陶罐

和静　察吾呼沟四号墓地出土

高 12、口径 10.6 厘米，夹砂红陶，手制。口微敞，带流，流嘴粗大；束颈，鼓腹，平底，环状单耳位于颈腹部。红衣白、褐彩，在口沿至腹部一侧涂一不规则斜白宽带，带上用褐彩绘回形纹。

133　单耳带流彩陶罐

和静　察吾呼沟一号墓地出土

高 26.1、口径 20 厘米，夹砂红陶，手制。口微敞，带流，流嘴宽长；束颈，鼓腹，小平底，桥形单耳位于颈腹部。红衣黄白、红彩，在颈部涂一圈黄白宽带，带中绘大曲折点纹。

134　单耳带流彩陶罐

和静　察吾呼沟四号墓地出土

高 14、口径 12.1 厘米，夹砂红陶，手制。口微敞，带流，流嘴已残破；束颈，圆腹，平底，环状大单耳位于颈腹部。红衣白、褐彩，从口沿至腹底一侧涂一斜白宽带，带中用褐彩绘斜向排列的三角纹，内填方格网纹。

135　单耳带流彩陶罐

和静　察吾呼沟一号墓地出土

高 15.6、口径 8.8 厘米，夹砂红陶，手制。直口，带流，流嘴宽长；长弧颈，圆腹微矮，小平底，环状单耳位于颈部。

白衣红彩，在颈部绘虚实方格纹，腹部通抹红彩。

136　单耳带流彩陶罐

和静　察吾呼沟古墓出土

高 15.8、口径 12.3 厘米，夹砂红陶，手制。口微敞，带流，流嘴宽长；弧颈腹，小平底，环状单耳位于颈部。黄白衣红彩，通体彩绘三道平行方格曲折纹，口沿及下部涂红彩。

137　单耳带流彩陶罐

和静　察吾呼沟古墓出土

高 13、口径 9.6 厘米，夹砂红陶，手制。口微敞，带流，流嘴宽大（已残）；束颈，鼓腹，小平底，环状单耳位于颈腹处。白衣红彩，通体满绘网状纹。

138　单耳带流彩陶罐

和静　察吾呼沟四号墓地出土

高 12、口径 10.4 厘米，夹砂红陶，手制。口微敞，尖唇，带流，流嘴宽大；弧颈腹，平底，桥形单耳位于颈腹部。黄白衣红彩，通体绘虚实方格纹。

139　单耳带流彩陶罐

和静　察吾呼沟一号墓地出土

高 6.8、口径 5.5 厘米，夹砂红陶，手制。口微敞，带流，流嘴宽大微上翘；短颈，直腹，平底，环状单耳位于颈腹部。红衣黄白、红彩，腹部涂四个白菱形，菱形中用红彩绘多层菱形方格纹。

140　单耳带流彩陶罐

和静　察吾呼沟四号墓地出土

高 9.8、口径 11.6 厘米，夹砂红陶，手制。大口，尖唇，带流，流嘴宽大上翘；短颈，矮鼓腹，平底，环状单耳位于颈腹处，耳柄上起脊。黄白衣红彩，通体施彩，在颈腹部绘正倒山形纹，中间形成一条白色宽曲折纹。

141　单耳彩陶罐

和静　察吾呼沟一号墓地出土

高 14、口径 11.7 厘米，夹砂红陶，手制。敛口，鼓腹，平底，环状单耳位于腹部。白衣红彩，通体满绘交叉网状纹。

142 单耳直腹彩陶罐

和静 察吾呼沟四号墓地出土

高 16.3、口径 11.6 厘米，夹砂红陶，手制。口微敞，折颈，直腹，平底，环状单耳位于腹上部。黄白衣褐彩，通体绘多层平行菱形纹，菱形纹之间满涂褐彩。

143 单耳直腹彩陶罐

和静 察吾呼沟四号墓地出土

高 19、口径 10.7 厘米，夹砂红陶，手制。平口，折颈，直腹，平底，环状单耳位于腹上部。黄白衣红彩，通体施彩，腹部绘五组四道平行菱形纹，菱形纹之间满涂红彩。

144 单耳敞口彩陶杯

和静 察吾呼沟一号墓地出土

高 8.4、口径 10.4 厘米，夹砂红陶，手制。敞口，斜直腹壁，平底，桥形单耳位于腹部。黄白衣红彩，通体绘不规则斜线纹。

145 双系耳彩陶罐

和静 察吾呼沟四号墓地出土

高 7.3、口径 4.8 厘米，夹砂红陶，手制。平口，弧颈，鼓腹，平底，双系耳对称位于口沿下两侧。黄衣白、红彩，口沿涂一圈红带，以双系耳为界，腹一面绘不规则菱形纹中填回纹，另一面绘菱形方格纹中填十字或井字纹，双耳下分别绘折线纹和网纹。

146 三耳彩陶罐

和静 察吾呼沟四号墓地出土

高 17.1、口径 10.8 厘米，夹砂红陶，手制。口微敞，直颈，鼓腹，平底，双系耳对称位于口沿两侧，另一环状耳位于器物一侧颈腹处。黄白衣红彩，在环状耳两侧绘斜线纹和网状方格纹。

147 高颈鼓腹彩陶罐

和静 察吾呼沟四号墓地出土

高 14.4、口径 8.4 厘米，夹细砂红陶，手制。口微敞，高弧颈，球形腹，小平底。白衣褐彩，通体绘网状纹。

148 高颈鼓腹彩陶罐

和静 察吾呼沟一号墓地出土

高 15.8、口径 9 厘米，夹砂红陶，手制。口微敞，高弧颈，球形腹，平底。黄白衣红彩，口沿和颈部绘三道横带纹，腹部绘边缘带刺的倒三角纹。

149 高颈鼓腹彩陶罐

和静 察吾呼沟一号墓地出土

高 11.8、口径 6.4 厘米，夹细砂红陶，手制。口微敞，高弧颈，球形腹，小平底。黄白衣红彩，颈部绘一周山形纹，腹部绘倒三角纹、菱形方格纹、斜线纹和半椭圆尖塔纹。

150 仿皮囊彩陶壶

和静 察吾呼沟四号墓地出土

高 11.8、口径 7.8 厘米，夹砂红陶，手制。敞口，束颈，矮腹，小平底。在壶一侧从口沿至腹下部，及腹下部一圈起脊，脊两侧刺有针孔，仿皮囊形。红衣白、红彩，在器物一侧从口沿至腹部涂一不规则宽白带，上绘斜方格纹，方格纹中填井字纹和点纹。

151 单耳彩陶罐

和静 察吾呼沟一号墓地出土

高 11.2、口径 7.4 厘米，夹砂红陶，手制。口微敞，短束颈，弧腹，平底，环状单耳位于腹部。白衣红彩，腹部绘四个大菱形纹，内填方格网纹，菱形纹间涂满红彩。

152 单耳带流彩陶罐

轮台 群巴克古墓出土

高 7.5、口径 5.4（带流 7）厘米，夹砂红陶，手制。敞口，带流，流嘴宽大

（已残）；束颈，凸肩，鼓腹，平底，环状单耳位于颈肩处。白衣红彩，颈肩处绘正倒三角纹，内填网格纹，腹下部满涂红彩。陶质及制作均甚粗糙。

153 单耳带流彩陶罐

拜城 克孜尔水库古墓出土

高 30、口径 21 厘米，夹砂红陶，手制。口微敞，带流，流嘴宽长上翘；束颈，球形腹，圆底，环形单耳位于口颈部，耳柄略高出口沿。白衣红彩，口沿及流嘴内外涂一圈宽带纹，颈腹部绘交错山形纹。

154 单耳带流彩陶罐

轮台 群巴克古墓出土

高 17.3、口径 11.5 厘米，夹砂红陶，手制。平口，带流，流嘴宽大上翘；短束颈，高腹微鼓，圆平底，桥形宽带单耳位于颈腹部。白衣红彩，在口沿和腹部满涂红彩，颈部白色宽带上绘带刺大曲线纹。

155 单耳带流彩陶罐

拜城 克孜尔水库古墓出土

高 24、口径 25.5 厘米，夹砂红陶，手制。口微敞，带流，流嘴宽长上翘；弧颈腹，圆底，桥形单耳位于口腹部。白衣红彩，口沿及流嘴内外涂一圈带纹，颈部绘倒三角纹，腹部绘大菱形纹和山形纹。

156 山形纹彩陶罐

拜城 克孜尔水库古墓出土

高 18、口径 13 厘米，夹砂红陶，手制。口微敞，束颈，鼓腹，圆底。白衣红彩，口沿内外涂宽带纹，器表满绘山形纹，腹下部涂一圈宽带纹。

157 单耳高腹彩陶盆

拜城 克孜尔水库古墓出土

高 31、口径 34 厘米，夹砂红陶，手制。口微敞，短颈，高大腹微鼓，圆平底，环形小单耳位于颈下部。白衣红彩，口沿内外涂宽带纹，器表满绘山形纹。

158 单耳带流彩陶罐

拜城 克孜尔水库古墓出土

高 24、口径 17 厘米，夹砂红陶，手制。平口，带流，流嘴粗大微上翘，短颈，凸肩，鼓腹，小平底，环形单耳位于肩腹部。白衣红彩，器表满绘斜粗带纹。

159 单耳高腹彩陶盆

拜城 克孜尔水库古墓出土

高 8.4、口径 10 厘米，夹砂红陶，手制。口微敞，短颈，高腹微鼓，圆底，环形大单耳位于口腹部，耳柄高出口沿。白衣红彩，口沿内外涂一圈宽带纹，器表满绘不规则网状纹。

160 圆底彩陶钵

察布查尔 索敦布拉克古墓出土

高 9、口径 15.5 厘米，红陶，手制。敛口，圆唇，腹略鼓，圆底。红衣红彩，口沿内及唇部涂一圈带纹，颈部绘一圈细带纹，带下绘倒伞状杉树叶纹，腹下部绘大水波纹。

161 深腹圆底彩陶钵

察布查尔 索敦布拉克古墓出土

高 12.4、口径 17 厘米，红陶，手制。平口，圆唇，颈部略折，深腹，圆底。白衣红彩，口沿内涂一圈宽带纹，口沿外绘一细带纹，带下绘九组倒伞形针叶纹，腹下部绘大水波纹。

162 圆底彩陶钵

察布查尔 索敦布拉克古墓出土

高 7.6、口径 16 厘米，红陶，手制。平口，圆唇，圆腹，圆底。红衣红彩，口沿内外涂一圈带纹，颈部绘一圈细带纹，带下绘倒伞形针叶纹，腹下部绘大水波纹。

163 圆底彩陶壶

察布查尔 索敦布拉克古墓出土

高 13、口径 9 厘米，红陶，手制。口微敞，短颈，球形腹，圆底。红衣红彩，口沿唇内外涂有一圈带纹，颈腹间绘等距的五根垂直线纹，其间绘不规则的细斜线组成的网状纹，腹部满涂红彩。

164 单耳彩陶罐

新源 黑山头古墓出土

高14、口径9.5厘米，夹砂红陶，手制。口微敞，短颈，弧鼓腹，平底，环状单耳位于腹部。红衣红彩，口沿至颈部绘一圈倒三角纹，腹部满绘等距的横带纹。

165 单耳彩陶罐

乌苏 四棵树遗址区采集

高27、口径10厘米，夹砂红陶，手制。口微敞，高弧颈，球形腹，桥形宽带状大单耳位于颈腹部。红衣黑彩，颈部绘二圈横带纹，其间绘交叉带纹，腹部绘长弧形正倒三角纹，内填竖线纹。

后 记

在新疆境内古代遗址中发现大量彩陶是近十多年来新疆考古工作中的重大收获。继《甘肃彩陶》和《青海彩陶》出版之后，今天得以编纂出版《新疆彩陶》一书，是一件可喜事情。本书的出版，首先要感谢坚持在新疆考古第一线的各族考古工作者所做出的贡献和他们给予的支持和帮助。同时还要特别感谢为此书出版给予热心支持和资金资助的新疆文化厅领导。

《新疆彩陶》一书由穆舜英负责全部文字撰写，摄影由祁小山承担。此书的部分照片由王露同志、刘玉生同志拍摄。为此书出版提供帮助的有王明哲、伊弟利斯、吕恩国、周金玲、刘学堂、陈戈、何德修、张平、张玉忠、范明华、李肖、邢开鼎、柳洪亮和刘国瑞等同志，在此一并表示感谢。

著 者

1998年1月